वज्रादपि कठोराणि मृदुनी कुसुमादपि

लौह-पुरुष सरदार पटेल के संस्मरण

वज्रादपि कठोराणि मृदुनी कुसुमादपि

लौह-पुरुष सरदार पटेल के संस्मरण

डॉ॰ रवीन्द्र कुमार

ज्ञान पब्लिशिंग हाऊस
नई दिल्ली—110002

लोह–पुरुष सरदार पटेल के संस्मरण

ISBN: 81–212--0915–3

मूल्य : 490

भारत में सन् 2016 में प्रकाशित
ज्ञान पब्लिशिंग हाऊस
5, अंसारी रोड, दरियागंज, नई दिल्ली–110002
फोन : 9811692060
ईमेल : books@gyanbooks.com
वेब साईट : http://www.gyanbooks.com
मुद्रित : सालासर ऐमेजिंग सिस्टम, दिल्ली

समर्पण

(पू० श्री बाबुभाई जशभाई पटेल को)

हे राष्ट्र-धर्म के उन्नायक! भारत की संस्कृति के प्रतीक,
आराधक भारत-गौरव के, तुम भारत-निर्माता सटीक।
तव शुभता से प्रेरित हो हम, भारत को नंदन करते हैं।
हे लौह-पुरुष! हम नत होकर, नूतन अभिनंदन करते हैं।।

हे दीनबन्धु! हे दयावान! भारत-सागर के महासीप,
जीवन भर तम से लड़े सदा, हो महासत्य! हे महादीप।
मानस में पावनता भरकर, भारत को चंदन करते हैं,
हे लौह-पुरुष! हम नत होकर, नूतन अभिनंदन करते हैं।।

–मनोज कुमार 'मनोज'

आमुख

डॉ॰ रवीन्द्र कुमार अपने विद्यार्थी जीवनकाल से ही शोधकार्यों में रुचि रखते हैं। पी॰ एच॰ डी॰ उपाधि अर्जित करने के बाद इनकी पूरी रुचि शोधकार्यों में रही है। सरदार वल्लभभाई पटेल, नामदार विट्ठलभाई पटेल और कानजीभाई देसाई जैसे देशभक्तों के, जिनके सम्बन्ध में लोगों को कम जानकारी है, जीवन व कार्यों को शोध के रूप में प्रस्तुत करने में डॉ॰ रवीन्द्र कुमार ने अनेक कठिनाइयाँ उठाई हैं।

समाज को अनेक महान पुरुषों के योगदान से परिचित कराने के लिए अभी तक पचास छोटे-बड़े ग्रंथ डॉ॰ रवीन्द्र कुमार लिख चुके हैं। इसमें तेरह सरदार वल्लभभाई पर, आठ वीर विट्ठलभाई पटेल पर और एक गुजरात प्रदेश काँग्रेस कमेटी के (पूर्व) अध्यक्ष एवं राज्य के पूर्व मुख्यमंत्री श्री हितेन्द्र देसाई के पिता (स्वर्गीय) कन्हैयालाल देसाई (कानजीभाई) पर हैं।

डॉ॰ रवीन्द्र कुमार के शोधकार्यों का अभिप्राय जनता के सामने वह जानकारियाँ प्रस्तुत करने का है, जिनसे लोग अनभिज्ञ हैं। भारतीय स्वाधीनता संग्राम और उसके बाद देश के नवनिर्माण में जिन महापुरुषों का योगदान रहा है, उनके सम्बन्ध में आधारभूत सूचनाएँ प्रकाशित रूप में पहुँचाने के कार्य में डॉ॰ रवीन्द्र कुमार निरन्तर प्रयासरत हैं।

इस पुस्तक में सरदारश्री के जीवन से जुड़े तीस प्रसंगों का उल्लेख है। ये सभी प्रसंग सरदारश्री को समझने में बहुत सहायक सिद्ध हो सकते हैं। सरदार पटेल के जीवन का वास्तविक परिचय भारतवासियों को नहीं है। वे महापुरुष माने जाते हैं। उन्हें दृढनिश्चयी तथा लौह-पुरुष माना जाता है। लेकिन वे मृदुहृदयी भी थे। स्वयं को पीछे रखकर कार्य करने वाले इस वीर पुरुष ने कभी भी आत्म-प्रशंसा नहीं की। अपने बारे में फैली भ्रान्तियों को दूर करने का प्रयास नहीं किया। यही कारण है कि सही रूप में हमारा समाज उन्हें समझ नहीं सका।

डॉ॰ रवीन्द्र कुमार ने सरदारश्री के जीवन के प्रसंगों से यह सिद्ध किया है कि वे सच्चे गाँधीवादी थे। गाँधीजी के आश्रम में जिन ग्यारह नियमों का नियमित अभ्यास किया जाता था, सरदार पटेल उनका दृढ़तापूर्वक पालन करते थे। वे ग्यारह नियम थे : सत्य, अहिंसा, अस्तेय, अपरिग्रह, ब्रह्मचर्य, शरीरश्रम, अस्पृश्यता-निषेध, अभय, स्वदेशी, स्वाद-त्याग और सम्बन्धों में समभाव। यद्यपि जनता उन्हें सच्चा आश्रमवासी नहीं समझती थी, लेकिन इस ग्रंथ के माध्यम से हमें उनकी उक्त बातों के प्रति निष्ठा का सहज ही भान हो सकेगा।

जिन प्रसंगों का उल्लेख इस ग्रंथ में है, उनसे सरदार पटेल की उच्च आध्यात्मिकता का ऐसा परिचय हमें मिलता है कि जैसे 'श्रीमद्भग्वद्गीता' के उपदेशानुसार जीवन जीने वाले किसी महापुरुष का परिचय मिल रहा हो:

निर्माणमोहा जितसङ्गदोषा, अध्यात्मनित्या विनिवृत्त कामाः।
द्वन्द्वैर्विमुक्ताः सुखदुखसंज्ञै-र्गाच्छन्त्यमूढ़ाः पदमव्ययं तत्॥

महात्मा गाँधी की छत्रछाया में ढके हुए इस व्यक्तित्व को सच्चे रूप में परिचित कराने का सफल प्रयास डॉ॰ रवीन्द्र कुमार ने किया है। इनका प्रयास प्रशंसनीय एवं अभिनन्दनीय है। हिन्दी भाषी समाज इस पुस्तक को प्रेम के साथ पढ़ेगा और सरदारश्री के सम्बन्ध में वास्तविक जानकारी पाएगा, उनका सही परिचय प्राप्त करेगा, ऐसा मेरा विश्वास है।

गाँधीनगर (गुजरात) —बाबुभाई जशभाई पटेल

विशेष

'वज्रादपि कठोराणि मृदुनी कुसुमादपि' (लौह-पुरुष के संस्मरण) के इस संस्करण के प्रकाशन को एक सौभाग्यपूर्ण संयोग ही कहा जाएगा, क्योंकि सरदार वल्लभभाई पटेल के जीवन के दो मुख्य पक्षों, जो इस पुस्तक के शीर्षक से स्वत: ही स्पष्ट है, को देश की वर्तमान और भावी पीढ़ी से अधिकाधिक परिचित कराने के उद्देश्य से मेरे कुछ शुभचिन्तकों तथा निकटतम साथियों व मित्रों ने बारम्बार और बलपूर्वक मुझसे अनुरोध किया है।

मुख्य रूप से सरदार वल्लभभाई पटेल के प्रति अत्यधिक श्रद्धा रखने वाले डॉ० अतुल कृष्ण और उनकी धर्मपत्नी डॉ० श्रीमती मुक्ति नारायण के प्रेरणामय अनुरोध और सरदार पटेल ट्रस्ट, सरदार वल्लभभाई पटेल एवं वीर विट्ठलभाई पटेल स्मारक, करमसद, गुजरात के पदाधिकारियों, विशेषकर इसके सचिव श्री हँसमुखभाई पटेल के सक्रिय सहयोग ने इस सम्बन्ध में मार्ग प्रशस्त किया है। मैं इन प्रेरकों और सहयोगकर्ताओं का हार्दिक धन्यवाद करता हूँ। इसी के साथ-साथ श्रीमती कमलेश रवीन्द्र कुमार, श्री सचिन अरोरा तथा श्रीमती मेघा अरोरा, श्रीमती अंजु पँवार, श्री मृणाल खुराना तथा श्री रमेश प्रजापति द्वारा विभिन्न रूपों में प्रदत्त सहयोग के लिए भी मेरा आभार।

लौह–पुरुष और भारतरत्न सरदार वल्लभभाई पटेल पर प्रकाशित हो रहा यह संस्करण भाषा, शैली और वाक्य–विन्यास की दृष्टि से कुछ भिन्न ज्ञान पड़ेगा। यह सामान्य पाठकों को न्यूनाधिक रुचिकर लगेगा। इस संस्करण को रुचिकर बनाने में श्री मनोज कुमार 'मनोज' ने अपना अमूल्यवान सहयोग प्रदान किया है। मैं श्री मनोज का हृदय से धन्यवाद करता हूँ।

–रवीन्द्र कुमार

23–बी, लेन: 2, मानसरोवर
सिविल लाइन्स, मेरठ–25000।
दूरभाष: 0121–264555।

अपनी बात...

कहते हैं मनुष्य अपनी प्रकृति का दास होता है। स्वयं अपने बारे में भी मुझे कभी-कभी ऐसा प्रतीत होता है। लेकिन इस कथन में कितनी सत्यता है? इसे व्यवहार में उतारने पर ही समझा जा सकता है।

एक ऐसा महामानव, जो अपने बाल्यकाल से लेकर जीवन की अन्तिम श्वाँस तक दृढ़-निश्चयी बना रहे, बड़ी-से-बड़ी शारीरिक पीड़ा को सहन कर जाए, व्यक्तिगत रूप से बड़े-से-बड़ा मानसिक कष्ट उठा ले और जिस बात की ठान ले, उसे मूर्त रूप दे डाले, ऐसे महामानव को 'लौह-पुरुष' न कहेंगे तो और क्या कहेंगे? आइए! ऐसे महामानव के वास्तविक जीवन से जुड़े कुछ विशेष प्रसंगों को जान लें और तभी आगे बढ़ें:

एक: नौ वर्ष की अल्पायु का एक बालक जिसकी बगल में फोड़ा निकला हुआ है। फोड़ा पक गया है और उसमें ठसाठस पीप भरा है। पीप से भरे फोड़े की पीड़ा बड़ी आयु वालों के लिए भी असहनीय होती है। कोई छोटी आयु का बालक कैसे ऐसी पीड़ा को सहन करे? बालक को भारी पीड़ा हो रही थी। आज तो आप्रेशन सहित कई उपचार इस तरह के रोग से मुक्ति पाने के लिए हैं, परन्तु जिस प्रसंग पर चर्चा है, वह उन्नीसवीं शताब्दी के नौवें दशक का है। उस समय ऐसे रोग का

उपचार था गर्म लोहे की सलाख से फोड़े का दागना। नाई लोग इस तरह के उपचार किया करते थे।

बालक नाई के पास पहुँचता है और उससे कहता है कि वह अपनी भट्ठी में तप रही लोहे की सलाख को फोड़े में दागकर उसका उपचार करे। नाई बालक की आयु पर विचार करता है। वह हिचकिचाता है। हिम्मत हारता है और अन्ततः बालक को ऐसा करने से मना कर देता है।

इस पर बालक नाई से कहता है, "ठीक है यदि आप ऐसा नहीं कर सकते हैं, तो मैं ही कुछ करता हूँ।" बालक आगे बढ़ता है। भट्ठी से लाल सुर्ख तपी हुई एक सलाख को उठाता है। नाई आँखें गड़ाकर देखता है और उस समय स्तब्ध रह जाता है बालक की हिम्मत एवं दृढ़ता की सीमा से, जब वह सलाख को सीधे पीप से भरे बगल के फोड़े में घुसा देता है। पीप बाहर आ जाता है। खून भी निकलता है। लेकिन बालक यह सबकुछ करके चिन्ताहीन होकर घर की राह लेता है............।

दो: करमसद गाँव और उसमें कक्षा सात तक की एक पाठशाला, परन्तु उसमें भी अंग्रेजी भाषा पढ़ाए जाने की व्यवस्था नहीं है। इस कारण करमसद के कुछ विद्यार्थी गाँव से चौदह किलोमीटर की दूरी पर स्थित बड़ौदा राज्य के एक ग्राम पेटलाद की पाठशाला में अंग्रेजी भाषा के अध्ययन के लिए पैदल जाते हैं। ग्रीष्मऋतु है और पाठशाला का समय भी शीघ्र ही प्रारम्भ होता है। इसलिए सोमवार को यदि उषाकाल से बहुत पहले ही विद्यार्थी घरों से निकलें तो तभी वे समय से पाठशाला

पहुँच सकते हैं। प्रत्येक सप्ताह खेतों की पगडंडियों से पैदल चलकर वे ऐसा ही करते हैं।

करमसद से पेटलाद जाते समय रास्ते में विद्यार्थी हँसते, मजाक करते और गप्पे भी हाँकते हैं। सुखद वातावरण में उनका मार्ग तय हो जाता है। लेकिन एक सोमवार का दिन, प्रात:काल चार व पाँच के बीच का समय, विद्यार्थी मार्ग पर चले जा रहे हैं। अचानक एक विद्यार्थी का ध्यान इस ओर गया कि उनमें से तो एक बालक कम है। जब करमसद से निकले थे तो पूरे थे। यह क्या हुआ? वह विद्यार्थी चारों ओर अपनी दृष्टि दौड़ाने लगा। फिर वह ऊँचे स्वर में बोला, ''अरे, वल्लभभाई कहाँ है?''

दूसरे ने उत्तर दिया, ''वह रहा। दिखाई तो दे रहा है। परन्तु पता नहीं, वहाँ क्या झख मार रहा है?''

तीसरे ने आवाज़ देकर पूछा, ''वल्लभभाई, तू वहाँ कर क्या रहा है? पीछे क्यों रह गया है?''

''मैं अभी आता हूँ। तनिक ठहरो,'' तपाक से वल्लभभाई ने उसे उत्तर दिया।

इसके बाद वल्लभभाई खेत की मेढ़ पर गड़ा हुआ पत्थर का एक टुकड़ा निकालने में व्यस्त हो गया। वह पत्थर को जोर-जोर से हिलाता था, उसे बाहर की ओर खींचता था। अन्तत: उसने टुकड़े को निकालकर एक ओर फेंक दिया। वह दौड़ा और साथियों के साथ आ मिला। इस पर उसके एक साथी ने पूछा:

''क्यों भाई! तू पीछे क्या कर रहा था?'' सहजभाव से उत्तर

देते हुए वल्लभभाई ने कहा, "खेत की मेंढ़ पर, जो हमारा भी मार्ग है, गड़ा हुआ पत्थर का खूँटे समान टुकड़ा बार-बार चलने में रुकावट डालता था। हमारे जैसे न जाने कितनों को उसने सताया होगा? कुछ-एक को तो अँधेरे में उससे चोट भी पहुँची होगी। बस उसी को हिलाकर निकालने में लगा हुआ था।"

"तो फिर उसे निकाला या वहीं रहने दिया?" एक साथी ने जानना चाहा, तो वल्लभभाई ने उत्तर दिया :

"हर किसी को लगे और हर एक के रास्ते में रुकावट बने, ऐसे एक खूँटे को निकालकर फेंक देना अत्यन्त ही आवश्यक था। न जाने कितने लोग उससे टकाराएँ होंगे? कितनों को उससे चोट लगी होगी? लेकिन फिर भी उसे निकालकर फेंकने को कोई तैयार नहीं होता था। इस कारण वह सबका दुख बन चला था। मैंने तो कल निश्चय कर लिया था कि उसे उखाड़कर ही दम लूँगा और आज मैंने वही किया भी।"

इतना वार्तालाप करके विद्यार्थीगण शीघ्रता से पेटलाद की ओर बढ़ते हैं।

तीन: शारीरिक कष्ट सहन करके बड़ी आयु के लोगों को स्तब्ध कर देने वाले और दृढ़-निश्चयी वह बालक युवा होने पर एक सफल वकील बन जाते हैं। एक दिन बोरसद के फौजदारी न्यायालय में वे एक मुकदमें के सिलसिले में बहस कर रहे थे। मुकदमा महत्त्वपूर्ण था। बहस करने के दौरान ही उन्हें एक तार लाकर थमा दिया जाता है। तार को वे तुरन्त पढ़ जाते हैं और मोड़कर उसे अपनी जेब में रख लेते हैं। बहस जारी रहती है। मानों कोई विशेष बात हुई ही नहीं है।

अन्तत: बहस पूर्ण हो जाती है। वकील महोदय न्यायालय कक्ष से बाहर आ जाते हैं। उनके मित्र तार के बारे में पूछते हैं, तो वे युवा वकील, वल्लभभाई, उन्हें बताते हैं, "मेरी पत्नी के निधन की सूचना का तार था।"

यद्यपि इतना कहकर वल्लभभाई की आँखों में आँसू जरूर उमड़ पड़े, लेकिन जिस प्रकार कुठाराघात को शान्ति एवं दृढ़ता के साथ उन्होंने सहन किया, उसे जानकर मित्रों व साथियों के दिल अवश्य ही हिल गए। संयम का ऐसा उदाहरण शायद ही कहीं और देखने को मिले। वल्लभभाई की आयु उस समय तैतीस वर्ष के लगभग रही थी। उन्होंने दृढ़ता की प्रेरणामयी एक छाप सदा के लिए छोड़ दी।

चार: शारीरिक कष्ट को सहन करने का एक और उदाहरण तो वास्तव में ही उनके लौह-पुरुष होने का सूचक बन गया। ऐसा उदाहरण विश्व के इतिहास में उनके अतिरिक्त एक और व्यक्ति के सम्बन्ध में भी सामने आया, लेकिन वह भी वल्लभभाई के उदाहरण के बाद का ही रहा था। दूसरे व्यक्ति थे जोजफ विसारियोनोविच स्टालिन, जो एक पक्षीय रूप में लौह-पुरुष थे; जिनकी व्यक्तिगत इच्छा ही न्याय और सत्य हो सकती थी। उनकी इच्छा के विपरीत ऐसा संभव नहीं था।

अपने खर्च पर बड़े भ्राता विट्ठलभाई पटेल को लन्दन भेजकर उन्हें बैरिस्टर बनाने वाले वल्लभभाई अपनी पत्नी के निधन के बाद स्वयं भी 'बार एट ला' की उपाधि हेतु अध्ययन करने लन्दन गए। यह बात वर्ष 1910 के पहले माह की है। लन्दन में अध्ययनकाल के दौरान उनके पैर में पीड़ा होने लगी। कभी-कभी तो वह पीड़ा असहनीय हो जाती थी। लेकिन वास्तव में रोग क्या था? वह पता नहीं चलता था।

काफी परीक्षण हुए, तो पता चला कि उनके पैर में 'नरुआ' हो गया है। उपचारार्थ कई छोटे-छोटे आप्रेशन किए गए, लेकिन रोग पर काबू नहीं पाया जा सका। एक बार तो स्थिति ऐसी भी सामने आयी कि जिसमें उनके पैर को काट देने का सुझाव दिया गया। 'नरुआ' रोग एक लम्बे और बहुत ही बारीक कीड़े से फैलता है और वह सहज ही पकड़ में नहीं आता है।

फिर भी भारतीय मूल के एक चिकित्सक, जो स्वयं पाटीदार समुदाय से थे, के आग्रह पर पुनः आप्रेशन की तैयारी की गयी। आप्रेशन के समय वल्लभभाई ने एक शर्त रखी। शर्त यह थी कि वे आप्रेशन अवश्य कराएँगे, लेकिन आप्रेशन-अवधि में न तो उनके पैर को सुन्न किया जाएगा तथा न ही क्लोराफार्म से उन्हें मूर्छित किया जाएगा।

उनके आग्रह पर ऐसा ही हुआ। बिना मूर्छित किए उनके पैर का सफलतापूर्वक आप्रेशन किया गया। चेतनावस्था में पीड़ा सहन करते हुए वल्लभभाई ने आप्रेशन कराया। उपरान्त ऐसा ही स्टालिन ने भी किया था। वल्लभभाई के इस अदम्य साहस के बारे में लन्दन के चिकित्सकों ने कहा था, ''हमने जीवन में ऐसा साहसी और दृढ़-निश्चयी पीड़ा सहनकर्ता दूसरा रोगी नहीं देखा।'' यह था उनका लौह-पुरुष स्वरूप....।

पाँचः ये लौह-पुरुष गाँधीजी के सम्पर्क में आते हैं। गाँधीजी के सत्य, अहिंसा और प्रेम के सिद्धान्त को वे इस प्रकार अंगीकार करते हैं मानो कि उनके अंधभक्त हों। ऐसा संभव भी हो सकता है, क्योंकि 1918 के खेड़ा सत्याग्रह के समय और फिर 1920 में असहयोग आन्दोलन की अवधि में वे स्वयं कई बार दोहराते हैं, मैंने तो अपने ऊपर

ताला लगाकर उसकी चाबी बापू (महात्मा गाँधी) को सौंप दी है।'' परन्तु तब भी इस महामानव के व्यक्तित्व के लौह-पुरुष वाले पक्ष में कहीं भी कमी तो दिखायी नहीं देती। आइएगा! देखें 1928 के बारडोली किसान सत्याग्रह के समय का यह उदाहरण:

वे जनता का, विशेष रूप से किसान वर्ग का आह्वान करते हुए पूछते हैं, ''जो जन्म लेता है, क्या वह मरता नहीं है? सभी जानते हैं कि मृत्यु के बिना तो किसी का भी छुटकारा नहीं है। नामर्दों की भाँति मरने की अपेक्षा वीरों और सम्मानितों की मौत मरना आप लोग क्यों नहीं सीखते हैं? तोपों के धमाके हों, हवाई-जहाजों से बम गिरें और दनादन मनुष्य मरें, तभी इतिहास में नाम होता है। ऐसा ऐतिहासिक कार्य ही आप करें।''

यही नहीं, अपितु उन्होंने कहा, ''हताशा का त्याग कर दो। यह सोचना बन्द कर दो कि इतने बड़े ब्रिटिश साम्राज्य का आप कुछ नहीं बिगाड़ सकते हैं। इसी साम्राज्य को हिलाना है। यही हमारा दृढ़-निश्चय है।''

छ: यह प्रसंग भारत छोड़ो आन्दोलन (1942) के समय का है। इस समय तक वे स्वाधीनता आन्दोलन की एक महान शक्ति बन जाते हैं। वे ब्रिटिश साम्राज्यवाद को ललकारते हैं और जनता का आह्वान करते हुए कहते हैं, ''चालीस करोड़ की जनसंख्या वाले हिन्दुस्तान को आठ-नौ करोड़ की जनसंख्या वाले जापान से लड़ना आता है। आप, अंग्रेज लोग, भारत छोड़ दें। आप यहाँ से चले जाएँ।'' ''और,'' वे आगे कहते हैं, ''यदि एक करोड़ मनुष्य भी खड़े हो जाएँगे तो ऐसी कोई जेल

नहीं है, जिसमें वे समा सकेंगे। इसलिए उस समय लाठियों के प्रहार होंगे और गोलीबारी होगी। आप..... जनता गोलियाँ खा लेना, परन्तु बहादुरों की भाँति बहादुरी दिखाते हुए, न कि कायरों की तरह।''

उन्होंने यह भी कहा, ''यदि आपको यह विश्वास हो कि भारत छोड़ो आन्दोलन रूपी इस संघर्ष में स्वाधीनता प्राप्ति के लिए मरने तक की नौबत आ सकती है, मिट जाने का अवसर भी आ सकता है, तभी इसमें भाग लीजिएगा। यदि आप यह मानते हों कि इस प्रयास में बलिदान देना पड़ सकता है, तभी आगे बढ़िएगा। सब कुछ ज्यों-का-त्यों रहेगा, बहुत हुआ तो जेलों में जा बैठेंगे, वहाँ खाएँगे, पढ़ेंगे और ज्ञान बढ़ाएँगे, यदि इस प्रकार का विचार मन में हो, तो ऐसी स्थिति में भारत छोड़ो के प्रस्ताव पर विचार ही नहीं कीजिएगा।'' यह था उनका दृढतापूर्ण आह्वान ..।

सात: देश स्वाधीन हो जाता है। पूर्णत: चरमराए हुए प्रशासनिक ढ़ाँचें, बिखरे हुए देश और अराजकता की स्थिति में फँसी देश की आन्तरिक व्यवस्था से मुकाबला करने का उत्तरदायित्व वल्लभभाई को सौंपा जाता है।

केवल कुछेक सप्ताहों के समय में ही 554 देशी और असमान रियासतों को भारतीय संघ में महामानव वल्लभभाई मिला देते हैं। परिणामस्वरूप उन्हें उन्नीसवीं शताब्दी के महान जर्मन राजनीतिज्ञ तथा एकीकरणकर्ता आटोवान बिस्मार्क के बराबर मानते हुए 'लौह-पुरुष' की संज्ञा दी जाती है। वास्तव में वे लौह-पुरुष तो थे भी, जैसा कि अब तक उल्लिखित प्रसंगों से स्पष्ट है ही। इसके अतिरिक्त सम्पुष्टि के

लिए और भी उदाहरण दिए जा सकते हैं। देखिएगा, यह एक और उदाहरण देशी-राज्यों के भारतीय संघ में विलय के समय का।

उन्होंने देशी-राज्यों के विभाग के मंत्री पद को सँभाला और उसी दिन, अर्थात 2 जुलाई, 1947 को, स्वाधीनता दिवस से कुछ दिन पूर्व, एक वक्तव्य जारी किया। वक्तव्य के प्रमुख अंशानुसार, "... परिस्थितियों की गम्भीरता को आप, देशी-राज्यों के शासक, समझ लीजिएगा। भलाई इसी में है कि 15 अगस्त (1947) से पूर्व ही संघ के भीतर आ जाइएगा। बाद में हिसाब दूसरी तरह से होगा। उस समय परिस्थितियाँ मेरे सँभालने पर भी नहीं सँभलेंगी....।" "और," सरदार ने आगे कहा, "यह ऐतिहासिक सत्यता है कि भारत को राजनीतिक दृष्टि से अपनी विभाजित स्थिति के कारण, एकताबद्ध और संगठित होकर आक्रमणकारियों का सामना करने में समर्थ न होने के कारण, उनके सामने एक के बाद दूसरी हार का सामना करना पड़ा था। हमारे आपसी संघर्ष, विवाद तथा ईर्ष्या-द्वेष भूतकाल में हमारे अद्यपतन, और साथ ही अनेक बार विदेशियों के चंगुल में फँसने का कारण रहे हैं। उन गलतियों को हम एक बार फिर से दोहराने का खतरा मोल नहीं ले सकते हैं। अतः अराजकता या अलगाव की बात सोचने वाले इशारा ही समझ लें और सही रास्ते पर आ जाएँ।" यह थी दृढ़ता लौह-पुरुष की...

आठः हैदराबाद राज्य के शासक भारत की एकता को छिन्न-भिन्न करने पर तुले हुए थे। वहाँ के प्रधानमंत्री लायक अली 24 नवम्बर, 1948 को वल्लभभाई से दिल्ली में भेंट करने आए। सरदार ने उन्हें चेतावनी के साथ कहा:

"आप (लायक अली) और मैं (वल्लभभाई)–दोनों–भली-भाँति इस बात को जानते हैं कि शक्ति किसके पास है? हैदराबाद के सम्बन्ध में वार्तालाप करने और अन्तिम रूप से उसके भाग्य का निपटारा करने की शक्ति किसके पास है? वह व्यक्ति (कासिम रिज़वी, साम्प्रदायिक और उपद्रवी रजाकारों का नेता), जो हैदराबाद पर छाया हुआ है, उत्तर दे चुका है। उसने स्पष्ट रूप से यह कहा है कि यदि भारतीय सेना ने हैदराबाद में प्रवेश किया, उसे वहाँ की डेढ़ करोड़... जनता की हड्डियों के अतिरिक्त और कुछ नहीं मिलेगा। यदि स्थिति यही है तो वह निजाम और उसके सारे वंश की जड़े खोद रहा है। मैं आपसे स्पष्ट भाषण कर रहा हूँ। आपको किसी भ्रान्ति में मैं नहीं रखना चाहता हूँ। हैदराबाद की समस्या भी निश्चित रूप से दूसरे राज्यों की भाँति ही सुलझेगी। इसका दूसरा मार्ग सम्भव नहीं है। हम ऐसे किसी एक स्थल को स्वतंत्र बने नहीं रहने देंगे, जो हमारे सारे संघ को ही नष्ट कर दे। आप जाएँ और यदि अपनी बात पर ही अड़े रहने की सोचें तो मान लें कि आपको असफल होना ही है.....।"

ये कुछ उदाहरण हैं, जो पुस्तक के शीर्षक के प्रथम भाग, अर्थात 'वज्रादपि कठोराणि' – वज्र से भी कठोर, को वल्लभभाई के संस्मरणों और उनके जीवन की वास्तविकताओं के आधार पर स्पष्ट करते हैं। यहाँ मैं एक और बात भी कहना चाहता हूँ और वह यह कि लौह-पुरुष सरदार पटेल को ईश्वर से ऐसी शक्ति मिली हुई थी कि संकीर्ण मनोवृत्ति वाले और समाजविरोधी तत्त्व उनका नाम सुनते ही भयभीत हो जाते थे। 1924 ईस्वी के बोरसद सत्याग्रह, जिसे स्वयं उन्होंने ही नेतृत्व

प्रदान किया था, के समय का इस सम्बन्ध में एक श्रेष्ठ उदाहरण है। उस उदाहरण को यहाँ प्रस्तुत किया जाए तो ऐसा करना अप्रासंगिक नहीं होगा।

आइएगा ! प्रसंग को उन्हीं के शब्दों मे, लेकिन तनिक ठीक व सरल हिन्दी में, प्रस्तुत करें। प्रसंगानुसार डाकुओं तथा सरकार के बारे में वे कहते हैं:

"जो सरकार डाकुओं से घबराकर आत्मसमर्पण कर दे, वह जनता की सामूहिक शक्ति के प्रदर्शन के समक्ष कैसे टिक सकेगी? बोरसद में बाबरदेवा नामक डाकू ने पुलिस को कितने नाकों चने चबाए हैं? यह किसी से भी छिपा हुआ नहीं है। दुकानदार से मनचाहा तो मिठाइयाँ छीनकर बच्चों में वह बाँट देता; जिसे चाहता मार डालता और जनता की सुरक्षा की कथित ठेकेदार पुलिस उसके नाम से थर-थर काँपने लगती थी।" फिर क्या हुआ? वल्लभभाई कहते हैं:

"बाबरदेवा के भय से पुलिस थाने के बाहरी द्वार पर ताला डाल देती थी और भीतर रखी मेजों के नीचे दुबककर बैठ जाती थी। आखिरकार हमें ही वहाँ जान पड़ा। हमारे जाने से डाकू का नामोनिशान ही मिट गया। न जाने कहाँ छिपकर वह रह गया है ?"

यह था करिश्मा सरदार वल्लभभाई पटेल के व्यक्तित्व के एक पक्ष का। दूसरा पक्ष, अर्थात् 'मृदुनी कुसुमादपि' को, जीवन से जुड़ी सत्यताओं और घटनाओं के आधार पर देखें, क्योंकि यह भी अपरिहार्य है।

एक: यह प्रसंग बाल्यकाल से है। प्रसंगानुसार बालक अध्यापक

से कहता है, "आप एक छोटे से बच्चे को इतना क्यों डाँट रहे हैं? आपकी डाँट से बच्चा सहम रहा है। ऐसा करना आपको शोभा नहीं देता है। फिर दोष स्वयं आपका है। आप कक्षा में समय से आते नहीं हैं। कार्यालय में बैठकर गप्पे मारते हैं। ऐसे में बच्चे कक्षा में गीत न गायें तो क्या रोयें ? यदि गलती बच्चों की हो, तो आप अवश्य ही उन्हें डाँटें, लेकिन स्वयं गलती आपकी हो और उस पर भी अत्याचारी डाँट आप पिलायें तो यह अनुचित है....।"

दो: विट्ठलभाई वल्लभभाई के बड़े भाई थे। दोनों सुविख्यात बैरिस्टर थे। दोनों में काफी धन कमा लेने की क्षमता थी। लेकिन विट्ठलभाई देश की स्वाधीनता के लिए सार्वजनिक जीवन में कूद पड़े और पूरे घर की व्यवस्था के लिए धनोपार्जन करना वल्लभभाई के हिस्से में आया। वल्लभभाई यह उत्तरदायित्व अपने ऊपर लेते हैं; बड़े भाई का इतना आदर करते हैं कि जब भी विट्ठलभाई पटेल उनके घर आते हैं, वल्लभभाई उनके पैरों से जूते उतारते हैं, कोमल हृदय से उनका भरपूर स्वागत करते हैं। यही नहीं, विट्ठलभाई मुम्बई वापस चलने को हों तो उससे पहले ही वल्लभभाई उनकी जेब नोटों से भर देते हैं। विदायी के समय न तो एक भी शब्द वल्लभभाई बड़े भाई से बोलते हैं, न ही यह कहते हैं कि इतनी रकम आपकी जेब में रखी है। कितनी आत्मीयता और वात्सल्य हो सकता है, ऐसे मौन के पीछे, अनुमान लगा पाना कठिन है। वास्तव में ही वल्लभभाई इतने मृदु थे।

तीन: वर्ष 1927, जब अहमदाबाद नगरपालिका के साथ ही

वल्लभभाई गुजरात प्रदेश काँग्रेस समिति के भी अध्यक्ष होते हैं। लगातार इकतालीस इंच मूसलाधार वर्षा होने के कारण जल-थल एक हो जाता है। लगता है कि जैसे अहमदाबाद एवं खेड़ा जनपदों में तो प्रलय ही आ गयी हो।

मानवीयता के कारण, साथ ही उत्तरदायित्व ग्रहण करने के कारण भी, वल्लभभाई का हृदय पिघल जाता है। यह क्या? उन्हें क्या सूझा कि वे स्वयं अकेले ही रात्रि में बारह बजे अहमदाबाद की गाँधी रोड पर निकल पड़ते हैं, ताकि स्थिति का जायजा ले सकें। रात अँधेरी है, इसलिए मन में विचार उठता है कि किसी को साथ ले लिया होता तो अच्छा रहता। वे मसकती बाजार के एक बुद्धिजीवी व्यापारी के घर पहुँचते हैं व उनके द्वार की कुंडी खटखटाते हैं। व्यापारी कुंडी खोलते हैं तथा अपने सामने लथपथ भीगे कपड़ों में वल्लभभाई को देखकर दंग रह जाते हैं।

वल्लभभाई चाय पीते हैं, और कपड़े भी बदलते हैं। वे अपने साथ चलकर वर्षा व बाढ़ का तांडव देखने का अनुरोध व्यापारी भाई से करते हैं। व्यापारी का स्वयं का घर भी खतरे में है, लेकिन वे वल्लभभाई के साथ चल देते हैं। दोनों सवेरा होने तक नगर की गलियों में घूमते हैं। कहाँ-कहाँ पानी भर जाने की संभावना हो सकती है? इसका अनुमान लगाते हैं। इसके बाद वे सीधे नगरपालिका के अभियन्ता के घर पहुँचते हैं। वहाँ वल्लभभाई टेलीफोन द्वारा सारे कर्मचारियों को इकट्ठा करते हैं और उनके साथ युद्धकालीन परिस्थितियों के समान ही निर्णय लेते हैं। नाले और सड़कें तोड़कर पानी की निकासी की व्यवस्था की जाती है।

मकान गिरने लगते हैं। उनके मलबे से पानी की निकासी अवरूद्ध न हो, इसलिए शीघ्र ही मलबा उठाने की व्यवस्था वे स्वयं अपनी देख-रेख में कराते हैं। लगातार चार दिन तक गोरे अभियन्ता को साथ लेकर वल्लभभाई व्यवस्था कराते रहते हैं; इस प्रकार शहर बच जाता है। यह रहा वल्लभभाई के कोमल ह्रदय का उदाहरण। वे महात्मा गाँधी द्वारा दोहराए गए इस भजन के अनुरूप खरे उतरते हैं :

'वैष्णवजन तो तेने कहिए,

जे पीड़ पराई जाणे रे।'

कोमल ह्रदय का इससे श्रेष्ठ दूसरा उदाहरण हमें कहाँ मिलेगा ?

चार: गुजरात के इतिहास में रुचि लेने वाले कदाचित् जानते होंगे कि वर्ष 1932 में, सविनय अवज्ञा आन्दोलन के चरमोत्कर्ष काल में बोरसद में प्लेग से पाँच लोगों की मृत्यु हो गयी थी और बाद में इसने महामारी का रूप ले लिया था। उपरान्त 1935 के वर्ष तक लगभग 800 लोग प्लेग के शिकार हो गए। जनता को इस प्रकार मरते हुए देखकर सरदार पटेल का ह्रदय पिघल गया। यह सब सरकार की लापरवाही के कारण हुआ था।

वल्लभभाई ने सारी स्थिति की जाँच की। मुम्बई के प्रसिद्ध चिकित्सक भास्करभाई पटेल को बुलाया और उनसे महामारी का जायजा लेकर एक विस्तृत आख्या देने को कहा। इसी के साथ, स्वयं वल्लभभाई ने बोरसद क्षेत्र में जाकर महामारी का अन्त करने के लिए कमर कस ली। इस कड़ी में एक अनुभवी और साहसी चिकित्सकों की टीम की आवश्यकता थी। टीम के सदस्य भी डॉ॰ भास्कर पटेल ने

उपलब्ध कराए। बोरसद में एक चिकित्सालय खोला गया और एक सत्याग्रह की छावनी की भाँति केन्द्र स्थापित किया गया।

महामारी को स्थायी रूप से समाप्त करने के उद्देश्य से स्वच्छता अभियान चलाया जाता है। बोरसद क्षेत्र के प्रत्येक ग्राम में निरन्तर तीन माह तक वल्लभभाई स्वयं घूमते हैं; हर गाँव से मरे हुए चूहों को निकालकर उनको आग के हवाले किया जाता है। घरों के दूषित स्थानों पर इमलशन छिड़ककर शुद्ध किया जाता है; धूनियाँ देकर वातावरण को शुद्ध बनाया जाता है। यह रहा कार्य करने का वल्लभभाई पटेल का ढंग।

दूसरी ओर डॉ॰ भास्कर पटेल अपने चिकित्सक दल के साथ जनता को जागृत करते हैं; उन्हें आवश्यक दवाइयाँ उपलब्ध कराते हैं, तथा भविष्य में बरती जाने वाली सावधानियों से अवगत कराते हैं। जनता सुरक्षित हो जाती है और वल्लभभाई की ऋणी भी ...... ।

पाँच: अब एक उदाहरण उस काल से जब देश स्वाधीन है तथा सरदार वल्लभभाई देश के उप-प्रधानमंत्री होने के साथ-साथ गृह, देशी-राज्य और सूचना एवं प्रसारण मंत्रालय का काम भी देख रहे होते हैं। इस प्रकार देश की आन्तरिक सत्ता लौह-पुरुष के हाथों में होती है।

वल्लभभाई पटेल देश को एक करने को दृढ़ हैं। लेकिन भोपाल के नवाब हमीदुल्ला खान अपनी रियासत को अलग रखना चाहते हैं। अंत में सरदार रियासत का सद्भावनापूर्ण ढंग से भारतीय संघ में विलय करा लेते हैं। नवाब भोपाल उन्हें यह पत्र लिखते हैं:

"जब तक भारतीय संघ के साथ जुड़ने के विरुद्ध मेरा संघर्ष चल रहा था, तब तक अपने राज्य की स्वाधीनता और तटस्थता की रक्षा

के लिए मैंने समस्त प्रकार के साधनों का उपयोग किया। इस सत्यता को मैं छिपाता नहीं हूँ। लेकिन अब मैं अपनी हार स्वीकार करता हूँ। मुझे आशा है आप यह अनुभव करेंगे कि पहले मैं आपका जितना कट्टर विरोधी था, अब उतना ही सच्चा और वफादार मित्र हूँ। मेरे हृदय में किसी के प्रति दुर्भावना नहीं है। आपके और आपके पक्ष ने मेरे साथ प्रारम्भ से ही शिष्टतापूर्ण व्यवहार किया है। अब मैं आपको यह विश्वास भी दिलाता हूँ कि जब तक देश की एकता को भंग करने वाले तत्त्वों को दृढ़-निश्चयपूर्वक दबाने का प्रयत्न आप करते रहेंगे, और साथ ही आपने आज तक जो मित्र-भावना राज्यों के प्रति प्रकट की है, वह जारी रहेगी, तब तक आप यह भी देखेंगे कि मैं आपका वफादार और विश्वसनीय मित्र बनकर रहा हूँ।''

मृदु हृदय सम्राट वल्लभभाई हमीदुल्ला खान को पत्र का उत्तर देते हुए लिखते हैं:

''आपका राज्य भारतीय संघ के साथ जुड़ गया, इसमें हमारी जीत और आपकी हार हुई हो, ऐसा मैं नहीं मानता हूँ। ऐसा मैं आपको शुद्ध हृदय से बताना चाहता हूँ। इसमें जो कुछ सत्य एवं उचित था, अन्त में उसी की जीत हुई है। इस प्रसंग में हम दोनों ने तो केवल साधन के रूप में अपनी-अपनी भूमिका का निर्वाह ही किया है। परिस्थितियों की गम्भीरता को आपने भली-भाँति समझ लिया, और आपका जो दृष्टिकोण आपके राज्य के तथा सारे देश के विरुद्ध था, उसका सत्यतापूर्वक, दृढ़ता और वीरता से आपने परित्याग कर दिया। मैं आपको इसके लिए धन्यवाद देता हूँ। इस बात से मुझे विशेष आनन्दानुभूति हुई

है कि आपने भारत के प्रति अलगाववादी तत्त्वों के विरुद्ध अथवा धर्म-भेद से ऊपर उठकर सहायता करने का वचन दिया है और भारतीय संघ की वफादारी के साथ मित्रता की इच्छा व्यक्त की है।''

यह रहा वल्लभभाई का दृष्टिकोण! उनके कोमल हृदय से सम्बन्धित कई और उदाहरण भी हमारे सामने हैं, जिनसे सिद्ध होता है कि वे वज्र से भी अधिक कठोर थे, लेकिन वास्तव में ही कुसुम से भी कोमल हृदय वाले भी थे।

सरदार वल्लभभाई पटेल के द्विपक्षीय व्यक्तित्व के अनोखेपन के कारण ही मैंने वास्तव में इस पुस्तक का शीर्षक 'वज्रादपि कठोराणि मृदुनी कुसुमादपि' चुना। यद्यपि इस पुस्तक में सरदार पटेल के जीवन से जुड़े उन संस्मरणों का लेखा-जोखा है, जो अभी तक अप्रकट है, लेकिन ये सभी उनके विराट हृदय की दृढ़-निश्चयपूर्णता और मानवमात्र के प्रति पूर्ण वात्सल्यता से ओत-प्रोत हैं।

प्रस्तुत पुस्तक के माध्यम से सरदार पटेल पर किया गया यह अलग प्रकार का मेरा कार्य है। वर्ष 1983 तथा 1990 के मध्य के लगभग आठ वर्षों के समय के दौरान मैंने वल्लभभाई पटेल पर अनेक कार्य, मुख्यत: शोधकार्य किए और उन सभी जीवित महापुरुषों, स्वाधीनता सेनानियों अथवा सरदार के साथियों, जो उनके बहुत निकट रह चुके थे, से सम्पर्क किया। जो भी जानकारियाँ अथवा सूचनाएँ वे सरदार के सम्बन्ध में दे सकते थे, उन्हें मैंने प्राप्त किया। कुछेक के साक्षात्कार भी मैंने लिए।

साक्षात्कारों के अतिरिक्त कुछ लेख और बहुत सारे पत्र मुझे प्राप्त हुए। ढेर सारी सामग्री मेरे पास एकत्रित हो गयी। लम्बे समय तक

मैं यह सोचता रहा कि इस प्रकार इकट्ठी हो गयी सामग्री को पुस्तक का रूप दे डालूँ। लेकिन कई कठिनाइयाँ सामने आने से विचार को व्यावहारिक रूप देने में देरी होती गयी। कठिनाइयों में प्रमुख यह थी कि प्राप्त साहित्य और पत्र एक ही भाषा में नहीं थे। जो कुछ हिन्दी भाषा में मिला वह भी पूर्णत: शुद्ध नहीं था। दूसरे समयाभाव था। कहते हैं ईश्वरीय कृपा और इच्छा के विपरीत कुछ होता ही नहीं है। वही यहाँ भी हुआ। लेकिन जो कुछ हुआ, अच्छा हुआ। देरी के चलते साहित्य-भण्डार में कुछ वृद्धि हो गयी।

इस पुस्तक के माध्यम से सरदार वल्लभभाई पटेल के जीवन से जुड़े वास्तविक, नए और प्रामाणिक ऐतिहासिक संस्मरण सामने आ रहे हैं। संस्मरण छोटी-मोटी कठिनाइयों को केन्द्र में रखकर कहानी बनते प्रतीत होते हैं। मेरा विश्वास है कि यह पुस्तक वल्लभभाई के बारे में जानकारियाँ, प्रेरणात्मक संस्मरणों के माध्यम से, पाठकों को प्रदान करेगी। उनका हृदय विशाल था, जिसका खुलासा इससे होगा। यही नहीं, मातृ-भूमि-प्रेम, समाज-सेवा, निचले और दबे-कुचले वर्गों की शुद्ध हृदय के साथ सहायता, उनकी शिक्षा व उत्थान, दृढ़तापूर्ण कार्य पद्धति, ईमानदारी की भावना, जन-नेतृत्व की कला, अहिंसा और वल्लभभाई में मौजूद कई दूसरे गुणों का स्पष्टीकरण भी इस पुस्तक से हो सकेगा। वल्लभभाई के ये सभी गुण देश का विकास और समाज का भला करने वाले थे; देश की भावी पीढ़ियों को सदैव प्रेरणा देने वाले रहेंगे।

साक्षात्कारों, पत्रों और लिखित वक्तव्यों को दूसरी भाषाओं से

अनुदित करके और हिन्दी भाषा को शुद्ध करके पुस्तक की पाण्डुलिपि तैयार करते समय पर्याप्त सावधानी बरती गयी है तथा मूल भावना का स्वरूप नहीं बिगडा है, ऐसा मेरा विश्वास है। सरदार पटेल के जीवित साथियों या निकटतमों में से अधिकांश गुजराती थे, जिनसे मेरा साक्षात्कार हुआ। कुछ देश के दूसरे भागों से भी थे। लेकिन सरदार की प्रेरणा सारे भारतवासियों के लिए है। वे भारत के सरदार थे।

चाहे पत्र के रूप में, या साक्षात्कार के रूप में, अथवा अपने लेख को भेजकर, जिन्होंने भी मुझे सहायता प्रदान की है, उन सबका मैं हृदय से आभारी हूँ। अनेक इनमें से भी स्वर्गवासी हो गए हैं, लेकिन दूसरे लोक से उनका आशीर्वाद मुझे मिलेगा, ऐसा मैं मानता हूँ। इसी के साथ मुझे विशेष सन्तोष इसलिए है कि स्वर्गवासी हो गए लोग सरदार पटेल से जुड़े अपने संस्मरणों को मुझे प्रदान कर सके, अन्यथा वे संस्मरण काल के गाल में समा जाते।

भरपूर प्रेम और सहयोग प्रदान करने के लिए मैं श्री हरिवदन ठाकोर, स्व० रोहिणीबहन, स्व० दिलखुशभाई दीवानजी, स्व० मणिबहन पटेल, स्व० शंकरलालभाई बैंकर, श्री मोरारजीभाई देसाई, स्व० माधवलाल शाह, श्री त्रिभुवनदास किशीभाई पटेल, श्री हितेन्द्रभाई देसाई, स्व० गंगाशरण सिंह, श्री बाबुभाई जशभाई पटेल, स्व० छगनलाल जोशी, श्री उत्तमचन्द दीपचन्द शाह, श्री पुरुषोत्तम गाँधी, स्व० कणुभाई गाँधी, स्व० गोकुलभाई भट्ट, स्व० द्वारकाप्रसाद मिश्र, श्री एस० निजलिंगप्पा, स्व० डॉ० हरेकृष्ण मेहताब, श्री ब्रह्मप्रकाश शर्मा तथा कई दूसरे व्यक्तियों का भी आभार प्रकट करता हूँ।

बात को विराम देने से पहले मैं युवा पीढ़ी के लेखकों का आह्वान करना चाहूँगा कि वे इसी प्रकार के प्रामाणिक कार्य अधिकाधिक संख्या में देश के आमजन के समक्ष प्रस्तुत करें। इससे दो लाभ मिलेंगे। प्रथमः महान व्यक्तियों के जीवन की वास्तविकताएँ खुलकर समाने आएँगी तथा द्वितीयः भाषा के ज्ञानकोष में इसमें वृद्धि हो सकेगी।

तनिक साहित्यिक दृष्टि से लिखी गयी यह मेरी प्रथम पुस्तक है। अतः कुछ भाषायी त्रुटियाँ रह गयी हों, तो क्षमाप्रार्थी हूँ। मैं कोई साहित्यकार नहीं हूँ। वि.द्वानजन मुझे क्षमा करेंगे।

रवीन्द्र कुमार

23–बी, लेन–2, मानसरोवर,
मेरठ (उत्तर प्रदेश)

अनुक्रम

फिर बजे कृष्ण की बाँसुरिया
मीरा का गीत सुनाई दे,
सब धर्मों के नूतन रव में
मानव की जीत सुनाई दे।
निज राष्ट्र सदा बलवान बने,
जीवन आँधी को सौंप दिया।
अपने मानस की कुंजी को,
तुमने गाँधी को सौंप दिया।
यह राष्ट्र बने गौरवशाली,
भारत का सपना पूर्ण किया।
हे लौह-पुरुष! भारत सपूत!
तुमने जनमन को स्वयं जिया।।

-मनोज कुमार 'मनोज'

1

स्वयं कष्ट सहकर प्रतिद्वन्द्वी का हृदय परिवर्तन करना हमारा मार्ग

साथियों अथवा अधीन कार्यकर्ताओं में एकता स्थापित करके रखना जहाँ एक कठिन कार्य है, वहीं यह नेता की कुशलता और सक्षमता का

परिचायक भी है। लेकिन जो व्यक्ति विरोधियों को भी जीत ले और उनके साथ एकता स्थापित करके उन्हें समाज तथा राष्ट्रहित के कार्यों में लगा दे, ऐसा मनुष्य निश्चित रूप से ही युग-पुरुष कहलाने का अधिकारी होगा।

प्रसंग वर्ष 1920-21 ई० का है। महात्मा गाँधी ने देशवासियों का 'असहयोग तथा स्वदेशी' आन्दोलन के लिए आह्वान कर रखा था। वल्लभभाई पटेल उन दिनों विशेष रूप से सूरत जनपद की बारडोली तहसील में जनता का नेतृत्व कर रहे थे। वे जनता को नशाबन्दी अभियान हेतु तैयार कर रहे थे।

गाँधीजी के घोषित कार्यक्रमानुसार स्थान-स्थान पर राष्ट्रीयशालाएँ स्थापित की जा रही थीं। बारडोली क्षेत्र के वराड़ ग्राम में स्थापित ऐसी ही राष्ट्रीयशाला के शिक्षक मकनजीभाई प्रतिदिन अवकाश के बाद निकटवर्ती गाँवों में जाते थे। वे वहाँ लोगों को मदिरापान न करने तथा नशे की दूसरी चीज़ों, बीड़ी-सिगरेट तथा तम्बाकू आदि से बचने को समझाते थे। परिणामस्वरूप वराड़ ग्राम के मदिरागृह में ग्राहकों की संख्या निरन्तर कम होने लगी

थी। मदिरागृह के स्वामी एक पारसी थे। उनका नाम जहाँगीरजी था। मकनजीभाई के जन-जागृति के कार्य से वे इतने आग-बबूला हो गए कि उन्होंने मकनजी को सबक सिखाने की ठान ली।

एक दिन जहाँगीरजी ग्राम के चार-पाँच किसानों के साथ उस मार्ग के फसल से भरे एक खेत में छिप गए, जहाँ से मकनजीभाई प्रतिदिन के अपने कार्य, विशेष रूप में नशाबन्दी हेतु लोगों को समझाने से सम्बन्धित कार्य, को समाप्त करके लौट रहे थे।

शाम ढल चुकी थी। अँधेरा हो गया था। मकनजीभाई वराड़ की ओर लौट रहे थे। जैसे ही वे खेत के पास से गुजरने लगे, छिपे हुए लोग उन पर टूट पड़े। मकनजीभाई को उन्होंने इतना मारा कि वे बेहोश होकर गिर पड़े। जाते समय जहाँगीरजी व उनके साथी बेहोश मकनजीभाई के शरीर से वस्त्र भी उतारकर ले गए।

"आपके समक्ष दुखों और कठिनाइयों का ढेर होगा। आपको अनेक कष्ट उठाने होंगे और त्याग करने होंगे। स्मरण रखिए कि दुख के बिना सुख की प्राप्ति नहीं होती। दुखों का सामना करना ही सबसे अच्छा रास्ता है।"

देर रात में किसी समय मकनजीभाई को होश आया। कठिनाईपूर्वक वे खून से लथपथ दशा में अपने घर पहुँचे। ग्रामवासी उन्हें देखकर घबरा गए। अनेक लोग बहुत क्रोधित भी हुए। देखते-ही-देखते मकनजीभाई के घर पर भारी जनसमूह एकत्रित हो गया। लोगों ने जहाँगीरजी के घर को जला देने तथा उन्हें जान से मार देने की तैयारी की।

क्रुद्धजन हथियार और मिट्टी का तेल लेकर जहाँगीरजी के घर की ओर चल पड़े। मार्ग में एक वृद्ध पुरुष ने भीड़ को रोककर पूछा, "आप लोग महात्मा गाँधी के शिष्य होते हुए भी यह क्या करने जा रहे हैं? आप लोग जो कुछ करने जा रहे हैं, वह मेरी समझ से तो गाँधीजी के सिद्धान्त के विपरीत है। फिर भी आपको यदि मेरी बात न जँचती हो तो इस सम्बन्ध में आगे कुछ करने से पूर्व अपने नेताओं से पूछें, और फिर जो चाहें, करें।"

वृद्ध पुरुष की समझदारीपूर्ण बात कुछ लोगों के गले उतरी। तत्काल ही क्षेत्र के एक अग्रणी नेता कुँवरजीभाई मेहता को वराड़ ग्राम में बुलाया गया। उन्होंने विस्तारपूर्वक अहिंसक सत्याग्रह का पक्ष जनता के सामने रखा। लेकिन अनेक नवयुवक फिर भी सन्तुष्ट नहीं हुए। इसीलिए अन्त में तय किया गया कि वल्लभभाई पटेल को आमंत्रित किया जाए। उनसे निर्देशन लेने के बाद ही उचित कदम उठाया जाए।

अन्ततः वल्लभभाई वराड़ ग्राम पहुँचे। जनता उग्र थी। उनकी उपस्थिति में बहुत बड़ी सभा हुई। वल्लभभाई ने सभा में जहाँगीरजी को भी बुलवा भेजा। लेकिन वह बहुत भयभीत थे। इसीलिए वे सभा में आने को तैयार नहीं थे। कठिनाईपूर्वक यह विश्वास दिलाकर, कि वल्लभभाई की उपस्थिति में उनका बाल भी बाँका न होगा, उन्हें सभा में लाया जा सका।

सारे शरीर पर पट्टियाँ बाँधकर बैठे मकनजीभाई के बराबर में ही वल्लभभाई ने जहाँगीरजी को भी बैठाया। सभा की कार्यवाही प्रारम्भ हुई। वल्लभभाई ने कहा:

"हमारा संघर्ष अहिंसात्मक है। इसमें विरोधी के लिए भी वैरभाव को स्थान नहीं है। हमारा संघर्ष प्रतिद्वन्द्वी को मारने के लिए नहीं है। स्वयं कष्ट सहन करके भी प्रतिद्वन्द्वी का हृदय परिवर्तन करना ही हमारा मार्ग है।"

इस प्रकार कुछ लोगों को समझाकर वल्लभभाई पटेल ने जहाँगीरजी तथा मकनजीभाई में परस्पर मेल-मिलाप कराया। इसका परिणाम इतना सुखद रहा कि कुछ ही दिनों के बाद जहाँगीरजी का हृदय परिवर्तन हो गया। जनहितार्थ उन्होंने मदिरा बेचने का कार्य बन्द कर दिया।

प्रतिद्वन्द्वी के साथ भी एकता स्थापित कर उसके हृदय को परिवर्तित करने का यह बहुत अच्छा नमूना था।

◆◆◆

2

भैंस और भैंसे में भेद न कर सकने वाले राजकर्ता

वर्ष 1928 का बारडोली किसान सत्याग्रह भारतवर्ष में और विश्वभर में सुविख्यात है। इसकी प्रसिद्धि का कारण इसमें जनता की सामूहिक अहिंसक शक्ति का प्रदर्शन रहा था। इस सत्याग्रह के माध्यम से राष्ट्रीय मुक्ति–आन्दोलन में भागीदारीकर्ताओं को यह अहसास कराया गया था कि सामूहिक अहिंसक शक्ति का प्रयोग 'विजयश्री' हासिल करने में सक्षम है।

सत्याग्रह के नेता वल्लभभाई स्वयं कहा करते थे कि "मैं तो बारडोली के किसानों के इस संघर्ष के माध्यम से गुजरात और सारे भारत के किसानों को एक रास्ता दिखाना चाहता हूँ। रास्ता यह है कि वे उस दुर्बलता को जान लें तथा उसे छोड़ दें, जिसका लाभ उठाकर अंग्रेज यहाँ ठहरा हुआ है।"

यही कारण था कि सत्याग्रह की पूरी अवधि के दौरान एक बात पर बहुत जोर रहता था। बात यह थी कि सरकार को एक भी पैसा या वस्तु जब्ती के रूप में हाथ न लगे। अमलदार किसी जिम्मेदार व्यक्ति के सम्पर्क में नहीं आ पाता था। क्षेत्र के समस्त ग्रामों की ऐसी ही स्थिति थी। ऐसे में

जब कोई जिम्मेदार आदमी ही नहीं मिलता था तो पैसा वसूल कर सकने का प्रश्न ही कहाँ उत्पन्न होता?

वल्लभभाई ने सत्याग्रह को नेतृत्व प्रदान करते हुए जनता को साम, दाम, दण्ड, भेद, समस्त तरीकों में पारंगत कर दिया था। यही नहीं, इस रूप में किसानों को कष्ट सहने और बलिदान करने के लिए तैयार भी कर दिया था। मनुष्य और पशु साथ-साथ रहने लगे थे। एक कमरा और उसके दो भाग। एक भाग में मनुष्य रहते थे, दूसरे भाग में पशुओं को बाँधा जाता था। संघर्ष के दौरान स्वयं मनुष्य भी पशुओं के बन्द द्वारों वाले अँधेरे मकानों में महीनों तक रहे।

"आपके दुर्व्यसन आपकी दुर्बलताएँ हैं, इसलिए उनसे मुक्त हो जाइए। आप दुर्बलताओं से मुक्त हो जाएँगे, तो फिर डर किसका? और जिस क्षण आप निडर हो जाएँगे, उसी क्षण से आप स्वतंत्र हैं।"

यद्यपि मनुष्यों की काया पर इसका बुरा प्रभाव पड़ा था, परन्तु प्रजा ने अपनी प्रतिज्ञा के पालनार्थ यह सब कुछ किया। प्रजा दृढ़ बनी रही थी। उसका साहस डिगा नहीं था। जनता में दिन-प्रतिदिन नैतिक बल बढ़ता गया था। सरकार असहाय बन गयी थी। संघर्ष देवों तथा दानवों के मध्य के युद्ध जैसा बन गया था। स्वर्ग से देवता भी संघर्ष को देखने के लिए ललचा उठे हैं, ऐसा लगता था।

इन परिस्थितियों में सरकार की ओर से यह अनुमान लगाया गया कि शायद किसान रात्रि में तो अपने-अपने घरों से बाहर आते ही होंगे। क्यों न रात्रि के समय उनके बैल, भैंस तथा दूसरे पशुओं को पकड़कर उनसे वसूली की जाए? लेकिन यह कार्य अमलदारों के लिए सरल नहीं था। इस हेतु शक्ति-प्रयोग की आवश्यकता थी।

सरकारी अधिकारियों ने मुम्बई से पठान बुलाए ताकि उनके माध्यम से किसानों को भयभीत किया जा सके। साथ ही सरकार की ओर से यह घोषणा करायी गयी कि अब दो या चार रुपये के महसूल के लिए हजार-हजार रूपयों की वस्तुएँ जब्त करके नीलाम कीं जाएँगी।

पठान लोग जबरदस्ती करने में दक्ष थे। एक दिन सुबह लगभग 3 बजे तीन-चार पठान बारडोली से सात मील की दूरी पर बसे हुए एक ग्राम में पहुँचे। वे चुपचाप आए थे। उनके पास रस्सियाँ और बैलगाड़ी थी। कोई वस्तु या पशु मिल जाए तो उसे बाँधे रखने में सुविधा हो सकती थी।

सभी ग्रामवासी अपने-अपने घरों के द्वारों पर ताले डालकर गहरी नींद में सो रहे थे। पठान जैसे ही ग्राम के भीतर घुसे उन्हें लगा कि जैसे कोई पशु घूम रहा है। वे चुपचाप बैलगाड़ी से उतरे तथा अपने साथ लायी गयीं रस्सियों से उस पशु को बाँधकर चलने लगे। वास्तव में वह पशु एक भैंसा था। लेकिन पठान अँधेरे में उसकी पहचान नहीं कर पाये थे। वे बहुत प्रसन्न थे और कह रहे थे:

"अरे, आज तो बहुत अच्छी नस्ल की दुधारू भैंस मिल गयी है।"

दूसरा पठान बोला, "वास्तव में आज का दिन ही बहुत भाग्यशाली है। खूब दूध मिलेगा पीने को।"

तीसरा सुझाव देने लगा, "देखो! इस जब्ती की सूचना अभी सरकारी अधिकारियों को नहीं देनी है। अभी कुछ दिनों तक इसका दूध पीएँगे। कई दिनों से परेशान थे। कुछ भी हाथ नहीं लगता था।" इतना बोलकर उस

पठान ने और कसकर उसके गले की रस्सी को पीछे गाड़ी से बाँध दिया और वे शीघ्र ही ग्राम से बाहर को निकल गए।

इतने पर भी एक पठान ने कहा, "देखो भाई! भैंस को मजबूती से बाँधना। कहीं वह खुलकर भाग न जाए।"

''हाँ-हाँ, मजबूती से ही बाँधा है। मैं कोई कमजोर हूँ, जो भैंस को ठीक से बाँध भी नहीं सकता हूँ।'' बाँधने वाले ने उत्तर दिया।

इसी क्रम में सूर्योदय प्रारम्भ हुआ। शीघ्र ही पठान लोग यह देखकर पानी-पानी हो गए कि जिस पशु को भैंस समझकर वे बाँध लाए हैं, वह तो भैसा है। वे शर्मसार हो गए तथा उन्होंने भैंसे की रस्सी खोलकर भगा दिया।

यह समाचार सत्याग्रह छावनी में उपस्थित सरदार पटेल के पास पहुँचा। वे स्वयं तथा उनके पास बैठे दूसरे लोग सारा वृतान्त सुनकर जोर-जोर से हँसने लगे। सरदार ने कहा, "यही तो है सरकार का पराक्रम! जो अंग्रेज (अधिकारी) अथवा उनके कारिन्दे (पठान) भैंस व भैंसे में भेद नहीं कर सकते हैं, वे भला राज्य कैसे कर सकेंगे ?"

3

आप जैसे लोग और रामराज्य!

क्षेत्र के समस्त जन की भागीदारी ही वल्लभभाई पटेल के नेतृत्व में हुए बारडोली किसान सत्याग्रह की सर्वप्रमुख विशेषता रही थी। उदाहरण के लिए, जब अहिंसक गाँधीवादी मार्ग से बारडोली में सत्याग्रह छेड़ने का प्रस्ताव वल्लभभाई ने किया था तो उसका समर्थन करने वालों में सभी ग्रामों के छोटे-बड़े किसान व जमींदार थे। उनमें सामान्य किसानों के साथ ही पारसी थे, मुसलमान थे, और रानीपरज जाति के खातेदार भी थे।

प्रस्तुत प्रस्ताव एक माइने में बहुत ही गम्भीर तथा महत्त्वपूर्ण भी था। इसीलिए उसे कार्यान्वित करने से पूर्व ईश्वर की प्रार्थना किए जाना वल्लभभाई ने अत्यावश्यक समझा था। सर्वप्रथम अब्दुल कादिर बवाजीर, इमामसाहेब, ने कुरआन शरीफ से एक आयत पढ़ी। फिर महात्मा कबीर का एक भजन गाया गया और उसमें सभी ने भागीदारी की। तदोपरान्त रामधुन की बारी आयी।

पूरे गुजरात से सुलझे हुए और सत्याग्रह में दक्ष तथा अग्रिम पंक्ति के कार्यकर्ताओं ने बारडोली तहसील में डेरा डाला। वल्लभभाई सबके ऊपर

'पावर हाऊस' का काम करते थे। वे जो दिशा-निर्देश प्रतिदिन सत्याग्रह की सफलता के सम्बन्ध में जारी करते थे, दक्ष कार्यकर्ताओं का दल उन्हें आमजन तक पहुँचाया करता था।

दक्ष कार्यकर्ताओं और सत्याग्रहियों के दल में जो विशेष रूप में

सम्मिलित थे उनमें से श्री अब्बास तैयबजी, दरबार गोपालदास देसाई, श्रीमती भक्ति लक्ष्मी देवी, इमामसाहेब अब्दुल कादिर बवाजीर, डॉ॰ सुमन्त मेहता, शारदाबहन मेहता, मोहन लाल पण्डया, रविशंकर महाराज, फूलचन्द बापूजी, जुगतराम दवे, नरहरि परीख, कुमारी मणिबहन पटेल, कल्याणजीभाई मेहता, कुँवरजीभाई मेहता, खुशहालभाई पटेल, डॉ॰ चन्दुलाल देसाई, फूलचन्द शाह, खुशालभाई चौखावाला, डॉ॰ त्रिभुवन और शिवानन्दभाई के नाम विशेष रूप से लिए जा सकते हैं।

वल्लभभाई पटेल आम लोगों और अपने निकट के साथियों-कार्यकर्ताओं के साथ व्यावहारिक भाषा में बोलते थे। वे वाक्पटु तो थे ही। उनकी बातों में ग्रामों के सरल, सीधे तथा स्पष्ट शब्द होते थे; उनके बोल धरती से जुड़े होते थे। ग्राम-संसार से उत्पन्न और धरा को

सुगन्धितकर्ता शब्द, मुहावरे तथा कहावतें उनके भाषणों में सुनायी पड़ा करते थे। अपनी बातों से वे ग्रामवासियों को भीतर तक झकझोरकर रख देते थे।

उनके व्यवहार और प्रयुक्त भाषा का ही परिणाम था कि उनकी आत्मा तथा किसानों की आत्मा एकरूप हो गयी थी। अपनी ओर से आत्मीय भाव रखने में कोई कमी भी वल्लभभाई नहीं करते थे। किसानों के साथ उनकी व्यक्तिगत मैत्री हो गयी थी। प्रात:काल जब चाय का समय होता था, क्षेत्र के लोग उनसे मिलने आते थे। बारडोली सत्याग्रह आश्रम पर डेरा जमा रहता था।

"एकता, स्वदेशी, अस्पृश्यता-निवारण और राष्ट्रीयता: ये चार गाँधीजी के स्वराज्य भवन के स्तम्भ हैं और रामराज्य की दिशा की ओर बढ़ते हुए कदम भी हैं।"

बारडोली तहसील के निकट के एक ग्राम का किसान मोरारभाई वल्लभभाई पटेल का बहुत अच्छा मित्र बन गया था। वह किसान नौजवान था। एक दिन प्रात:काल में वह भी डेरे पर उपस्थित था। उसकी दो पत्नियाँ थीं। वल्लभभाई गम्भीर रहकर विनोद किया करते थे। इसलिए उस दिन उन्होंने मोरारभाई से मजाक करते हुए कहा:

"मोरारभाई, गाँधीजी तो रामराज्य लाना चाहते हैं, आप उसमें...। कैसे करेंगे?"

मोरारभाई ने उत्तर दिया, "अरे साहेब पहले आप स्वराज्य तो लीजिएगा फिर रामराज्य का भी देखा जाएगा।" मोरारभाई स्वयं में वाक्‌पटु था, इसलिए उसने ऐसा उत्तर दिया।

अब हँसकर वल्लभभाई ने उसे कहा, "पर रामराज्य आएगा कैसे? राम की तो एक पत्नी थी और आपकी दो हैं। अब कैसे करेंगे?"

नौजवान किसान मोरारभाई ने तुरन्त उत्तर दिया, "देखो साहेब! राम तो

बच्चा है, मैं उसकी बात नहीं मानता। मैं तो राम के पिता दशरथ की बात मानूँगा।''

सभी जानते हैं कि महाराज दशरथ की तीन रानियाँ थी। वल्लभभाई के विनोद को यहाँ किसान की वाक्पटुता ने उत्तर दे डाला। डेरे पर उपस्थित सभी लोग हँसते-हँसते पागल हो गए थे। इस प्रकार की घनिष्ट मित्रता, निकटता तथा अपनापन वल्लभभाई ने किसानों के साथ स्थापित किया था। और यही अपनापन सही अर्थों में बारडोली किसान सत्याग्रह को विजयी बनाने में महत्त्वपूर्ण भूमिका निर्वाह कर सका था।

अपनापन, निकटता, एकरूपता, हँसी और वाक्पटुता की जो छाप वल्लभभाई पटेल ने आमजन पर 1928 में बारडोली सत्याग्रह के दौरान छोड़ी थी वह नेतृत्वकर्ताओं के लिए आज भी आदर्श है, अनुकरणीय है।

◆◆◆

4

मस्तिष्क पर लगे ताले की चाबी बापू के पास

ऊपर से शुष्क और कठोर प्रतीत होने वाले वल्लभभाई पटेल समर्पण की अनोखी मिसाल थे। देश की स्वाधीनता, उन्नति, एकता और अखण्डता

के लिए उन्होंने अपने आपको पूर्णतः समर्पित कर दिया था। यही नहीं, उन्होंने जिसे भी स्वीकार किया, उसे पूर्णता से और श्रद्धापूर्वक स्वीकार किया।

वल्लभभाई ने महात्मा गाँधी को पूर्णतः स्वीकार किया तो गाँधीजी के जूते-चप्पल साफ करना और हर प्रकार से उनकी सेवा करना वे कभी नहीं भूलते थे। अब कभी काँग्रेस कार्यसमिति या महासमिति में किसी प्रस्ताव पर मतदान होता था तो वल्लभभाई यह देखते रहते थे कि बापू का हाथ किस ओर उठ रहा है? गाँधीजी का हाथ जिधर उठता था, वल्लभभाई उसी ओर अपना हाथ उठाया करते थे।

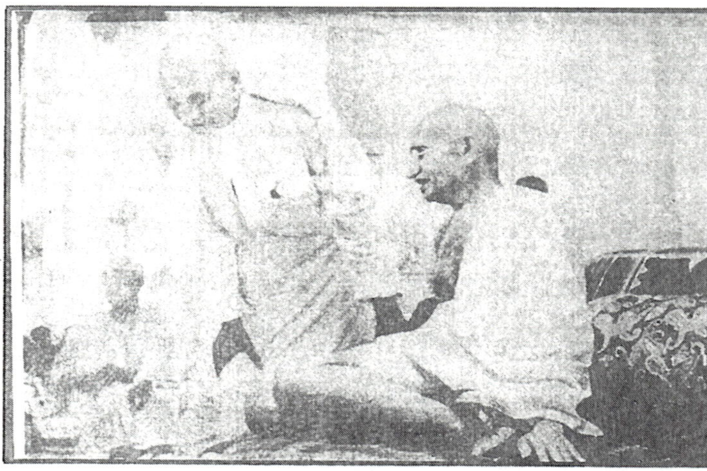

वल्लभभाई के इस प्रकार समर्पित होने के कारण बहुत से लोगों का मानना तो यहाँ तक था कि वे शायद महात्मा गाँधी के अन्धभक्त हैं। परन्तु वास्तविकता यह नहीं थी। वे दृढ़-निश्चयी थे। स्पष्ट बात वे बापू से भी कहा करते थे। उनके स्वभाव में बसी निर्भीकता भला उन्हें डरपोक कैसे बना सकती थी?

बहुत ही अच्छा उदाहरण है, वर्ष 1921 में स्वयं महात्मा गाँधी द्वारा स्थापित गुजरात विद्यापीठ के पुस्तकालय का। बापू ने विद्यापीठ के तत्कालीन प्राचार्य स्व० काकासाहेब कालेलकर की सलाह पर उसका पुस्तकालय अहमदाबाद नगरपालिका को दे दिया था। गुजरात विद्यापीठ का

संचालन एक न्यास करता था। वल्लभभाई पटेल स्वयं न्यास के सदस्य थे। लेकिन गाँधीजी ने न्यास के सदस्यों से आवश्यक सहमति नहीं ली थी। स्वयं वल्लभभाई उस समय अहमदाबाद से बाहर थे, जब गाँधीजी ने उक्त निर्णय लिया था।

"महात्मा गाँधी के साथ मैं खेड़ा सत्याग्रह के समय से हूँ। उनके सहवास से मुझे विश्वास हो गया कि भारत उलटे मार्ग पर चला है। यदि भारत का उद्धार होगा तो उनके द्वारा दिखाए गए मार्ग से ही होगा।"

वल्लभभाई प्रवास से अहमदाबाद लौटे। उन्हें गाँधीजी द्वारा लिए गए निर्णय की सूचना प्राप्त हुई। उन्होंने गाँधीजी से पूछा, "बापू आपने अकेले ही निर्णय लेकर विद्यापीठ का पुस्तकालय कैसे नगरपालिका को दे दिया? आपका निर्णय गलत है। निर्णय को वापस लीजिए। आपको ऐसा करने का कोई अधिकार नहीं था। आखिरकार विद्यापीठ के सम्बन्ध में निर्णय लेने के लिए एक न्यास है। वही बहुमत से कोई निर्णय ले सकता है। आपकी कोई इच्छा हो तो आप न्यास के सामने अवश्य ही रख सकते हैं।"

"हाँ, वास्तव में मेरा दोष है," गाँधीजी ने कहा, "मैं तुरन्त ही अपने दोष को सुधारते हुए विद्यापीठ के पुस्तकालय को वापस लेने के लिए लिखता हूँ।"

गाँधीजी ने अहमदाबाद नगरपालिका के अध्यक्ष को अपने अलोकतांत्रिक निर्णय के बारे लिखा और इस प्रकार पुस्तकालय पुनः विद्यापीठ के पास वापस आ गया। ऐसे थे वल्लभभाई।

लेकिन इसके बावजूद भी वल्लभभाई पटेल महात्मा गाँधी के सच्चे अनुयायी थे। वे गाँधी को अपना पिता और गुरु मानते थे। भारत की परिस्थितियों में, महात्मा गाँधी का मार्ग ही सर्वोत्तम है, ऐसा वल्लभभाई का विचार था। यही कारण था कि अपने बड़े भाई विट्ठलभाई पटेल, जो वल्लभभाई के पिता समान थे और उस समय भारत के राजनीतिक क्षितिज

पर एक अग्रणी व्यक्ति के रूप में स्थापित हो चुके थे, के स्थान पर गाँधीजी को ही उन्होंने अपना नेता माना था।

यही नहीं, 1920 में असहयोग एवं स्वदेशी आन्दोलन के समय ही वल्लभभाई ने यह घोषणा कर दी थी कि उन्होंने अपने मस्तिष्क पर ताला लगाकर उसकी चाबी बापू-गाँधीजी को सौंप दी है।

"जो सीधे नेता बन जाता है, उसे नीचे गिरने का डर रहता है। लेकिन मैं तो सिपाही हूँ। हमारे देश में एक नेता (महात्मा गाँधी) हैं। मैं उसी का सिपाही हूँ। मैं उसी की सेवा करता हूँ और उसका आदेश मानने का भरसक प्रयास करता हूँ।"

वास्तव में किसी के प्रति समर्पण करने में जो आनन्द मिलता है, उसकी सहज ही कल्पना नहीं की जा सकती। समर्पणकर्ता ही उस आनन्द को जान सकता है; उसे अनुभव कर सकता है। 'रामायण' में 'राम' केन्द्र में हैं। उनके चारों ओर खड़े अनेकजन राममय हो गए थे। यही कारण रहा है कि विश्लेषण करने वाले अपने-अपने दृष्टिकोण से 'राम' के बाद 'सीता', 'लक्ष्मण', 'हनुमान' या 'भरत' को दूसरा स्थान देते हैं। यह सब स्वाभाविक ही है। इन सभी व्यक्तित्वों का 'राम' के प्रति लगाव व उनके प्रति श्रद्धा बढ-चढ़कर थी। इसीलिए ये सभी महान पात्रों के रूप में उभरकर सामने आते हैं।

लेकिन गाँधीवादी युग में गाँधीजी के प्रति वफादार रहने वाले अनेक लोगों-पण्डित जवाहरलाल नेहरू, राजेन्द्र बाबू, राजाजी, मौलाना आजाद, बादशाह खान, सरोजिनी नायडू, पन्तजी आदि में से यदि किसी ने यह वाक्य कि 'मैंने अपने ऊपर ताला लगाकर चाबी बापू को सौंप दी है,' दोहराया, तो वे वल्लभभाई ही थे। यद्यपि उक्त सभी गाँधीवादी थे; गाँधीजी के पदचिह्नों व कार्यों का अनुसरण करने वाले थे, परन्तु बापू को अपने ऊपर ताला लगाकर समर्पितकर्ता वल्लभभाई थे। इससे उन्हें विशेष आनन्द मिला था।

◆◆◆

5

साथी-कार्यकर्ता ही मेरा परिवार

सार्वजनिक जीवन में प्रवेश करने के साथ ही वल्लभभाई ने अपना निजी घर-बार त्याग दिया था। अपने साथियों-कार्यकर्ताओं को अपने

परिवार के रूप में तथा पूरे देश को अपनी भूमि के रूप में उन्होंने स्वीकार कर लिया था। प्रवास के दौरान जिस घर में भी उन्हें प्रेमभरा सत्कार मिलता

था, वही उनका निवास स्थान बन जाता था। भगवा कपड़े पहने बिना भी वे आजीवन सन्यासी बने रहे थे।

माता-पिता की ओर से वल्लभभाई को भक्ति और संकल्प-शक्ति प्राप्त हुई थी। महात्मा गाँधी से उन्हें अहिंसा, त्याग, प्रेम, समानता और सत्य की शिक्षा मिली थी। इन सभी उच्चादर्शों को निरन्तर साथियों-कार्यकर्ताओं में उन्होंने प्रसारित किया था।

वर्ष 1932 ई० में सविनय अवज्ञा आन्दोलन के पुन: प्रारम्भ किए जाने पर तीसरी बार वल्लभभाई पटेल की गिरफ्तारी हुई थी। गिरफ्तारी के बाद उन्हें यरवड़ा केन्द्रीय कारागार में रखा गया था। साम्राज्यवादी अंग्रेजी सरकार ने आन्दोलन में बन्दी बनाए गए अधिकांश भारतीयों को इसी कारागार में रखा था। बन्दियों की संख्या बहुत थी। लेकिन वल्लभभाई पटेल सभी कार्यकर्ताओं की, जो उनके साथ उस कारागार में थे, पिता के समान देखभाल किया करते थे। कार्यकर्ताओं की सेवा वे अपना धर्म मानते थे।

"साथियों और कार्यकर्ताओं से एकरूपता स्थापित न कर सकने वाला सच्चा नेतृत्वकारी कदापि नहीं हो सकता। नेता की सफलता साथी-कार्यकर्ताओं पर ही निर्भर करती है।"

यद्यपि इस अवधि के दौरान वल्लभभाई पटेल बीमार रहे थे। पेट की बीमारी थी। पेट में असहनीय दर्द रहता था। फिर भी बीमारी की परवाह किए बिना वे प्रतिदिन सवेरे चार बजे तक उठ जाते थे। साथी-कार्यकर्ता प्रात:कालीन चर्या से निवृत्त हों, तब तक अर्थात 5-6 बजे के बीच ही वे चाय बनाकर तैयार रखते थे और फिर सभी को पिलाते थे। इतने दृढ़-निश्चयी और सेवामूर्ति थे वल्लभभाई। वे कहा करते थे कि वे कार्यकर्ता साधारण हो सकते हैं, परन्तु मेरे साथ देश और समाज के लिए वे काम करते हैं। इसलिए मेरा परिवार भी वे ही हैं तथा संसार भी।

साथी-कार्यकर्ताओं के बीच किसी भी प्रकार का भेदभाव वल्लभभाई

न तो स्वयं करते थे और न ही किसी दूसरे को करने देते थे। स्वयं को और छोटे-से-छोटे से कार्यकर्ता को वे एक ही श्रेणी में रखते थे।

सविनय अवज्ञा आन्दोलन के समय तक, जो कि नमक कानून भंगकर गाँधीजी द्वारा प्रारम्भ किया गया था, वल्लभभाई पटेल भारतीय राजनीति में एक शक्ति बन चुके थे। 1931 में कराँची काँग्रेस के अध्यक्ष निर्वाचित हो जाने के बाद वे मान्य नेता हो गए थे। उनकी छवि ऐसे नेतृत्वकारी की हो गयी थी, जो महात्मा गाँधी के सत्याग्रह के सिद्धान्त को व्यवहार में लाने की कला हेतु सर्वाधिक पारंगत था। इसी कारण साम्राज्यवादी ब्रिटिश सरकार वल्लभभाई को गिरफ्तार करने को निरन्तर तत्पर रहती थी। इतिहास साक्षी है, नमक सत्याग्रह की शुरुआत से पूर्व ही उन्हें रास ग्राम में गिरफ्तार किया गया; फिर सत्याग्रह की अवधि में तीन बार और उन्हें बन्दी बनाया गया था।

तीसरी बार की गिरफ्तारी के समय भी वे यरवड़ा जेल भेजे गए थे। सत्याग्रही कैदियों को वहाँ 'ए', 'बी' और 'सी' तीन प्रकार की श्रेणियों में रखा गया था। वल्लभभाई स्वयं 'ए' श्रेणी में थे। इसीलिए उन्हें श्रेष्ठ तथा पौष्टिक भोजन, दूध, समाचार पत्र और दूसरी वस्तुएँ सुविधाओं के रूप में प्राप्त होती थीं।

'बी' श्रेणी में कुछ कम सुविधाएँ थी और वह मोरारजी देसाई, कानजीभाई देसाई तथा दरबार गोपालदास जैसे कुछ-एक लोगों को ही प्राप्त हुई थी। अधिकांश सत्याग्रहियों को 'सी' श्रेणी मिली थी। इस श्रेणी में सुविधाएँ बहुत कम थी। केवल नपी-तुली दाल-रोटी ही प्राप्त होती थी। दाल-रोटी में कभी-कभी कंकड़-पत्थर पाए जाते थे।

वल्लभभाई को जब यह ज्ञात हुआ कि सत्याग्रह के दौरान बन्दी बनाए गए आम कार्यकर्ताओं को 'सी' श्रेणी के अन्तर्गत रखा गया है और वे बहुत ही कठिनाईपूर्ण जीवन जी रहे हैं, तो उन्होंने कारागार अधीक्षक को बुलवाकर पूछा:

"क्या सामान्य सत्याग्रहियों और नेताओं को यहाँ एक ही श्रेणी में रखा गया है?"

"नहीं श्रीमान्," कारागार अधीक्षक ने उत्तर दिया। उसने यह भी बताया, "अधिकांश कार्यकर्ता 'सी' श्रेणी में हैं, आप 'ए' में तथा तीन-चार लोग 'बी' श्रेणी में हैं।"

यह सुनते ही वल्लभभाई ने अधीक्षक से कहा, "आज से हम सब एक श्रेणी 'सी' में रहेंगे। यहाँ बन्दी समस्त साथी-कार्यकर्ता मेरे परिवार के सदस्य हैं। मैं एक मुखिया हूँ। क्या कोई मुखिया स्वयं मौज करके अपनी सन्तान को दुख में देख सकता है?"

उपरान्त ऐसा ही हुआ। सभी 'सी' श्रेणी में आ गए। सभी लोग अपना-अपना भोजन लेते और वल्लभभाई के पास पानी से भरकर रखी बाल्टी में लाकर खाना डालते जाते। खाना तैरकर ऊपर आ जाता और उसमें मौजूद कंकड़-पत्थर नीचे बैठ जाते। इस प्रकार तैरा हुआ भोजन उठाकर खाया जाता था।

इस प्रकार स्वयं कष्ट सहकर जीने वाले और साथी-कार्यकर्ताओं को दिल से परिवार के सदस्य के रूप मानने वाले थे वल्लभभाई पटेल।

◆◆◆

6

गाँधीजी की तुलना में हमारा अन्तर कम

वर्ष 1915 ई० में गाँधीजी दक्षिणी अफ्रीका से स्वदेश लौटे थे। इसके बाद 1917–18 की अवधि के दौरान उन्होंने देश के दो कोनों में दो अहिंसक सत्याग्रहों को नेतृत्व प्रदान किया था। ये दो सत्याग्रह थे चम्पारण (बिहार) तथा खेड़ा (गुजरात)।

यही वह समय भी था जब गाँधीजी गुजरात सभा के साथ जुड़े थे। गाँधीजी शीघ्र ही सभा के अध्यक्ष बने, जबकि वल्लभभाई पटेल इसके मंत्री नियुक्त हुए थे। तदोपरान्त वर्ष 1919 में 'रोलेट-कानून' के विरोध में गाँधीजी ने राष्ट्रीय स्तर पर संघर्ष का बीड़ा उठाया तो इससे वे भारतीय राष्ट्रीय काँग्रेस के प्रमुख नेताओं की श्रेणी में आ गए। लेकिन देशवासियों का असहयोग के लिए आह्वान करने के साथ तो वे अपने समकालीनों में भी प्रथम बन गए।

वर्ष 1920 ई० में गुजरात सभा का भारतीय राष्ट्रीय काँग्रेस में विलय हो गया। निःसन्देह अब गाँधीजी का एक ही राजनीतिक संगठन रह गया; वह संगठन था काँग्रेस। वैसे गुजरात के प्रान्तीय स्तर पर गाँधीजी के जुड़ाव से पहले काँग्रेस का कोई विशेष संगठनात्मक ढाँचा नहीं था।

इस प्रकार गाँधीजी गुजरात प्रदेश काँग्रेस समिति के प्रथम अध्यक्ष बने। लेकिन उनका कार्यकाल कुछ महीनों का ही रहा। असहयोग का आह्वान करने के साथ ही पूरे देश को उन्होंने अपनी कर्मभूमि बना लिया था। उन्हें गुजरात प्रदेश काँग्रेस समिति के प्रमुख पद से मुक्त होना पड़ा और उनके स्थान पर वल्लभभाई पटेल प्रमुख बनाए गए।

जैसा कि सर्वविदित है, वल्लभभाई पटेल गाँधीवादी युग में सर्वोत्तम संगठनकर्ता और आन्दोलनकारी थे। वे भी अपने योग्य और अद्वितीय कार्यों व क्षमता के बल पर शीघ्र ही राष्ट्रीय नेताओं की कतार में आ गए थे। इतिहास साक्षी है, नागपुर झण्डा सत्याग्रह, बोरसद सत्याग्रह, राजकोट सत्याग्रह आदि में सफलतापूर्वक नेतृत्व देने के साथ ही उन्होंने अनेक कीर्तिमान भी स्थापित किए थे। इन कीर्तिमानों में काँग्रेस दल के संगठन को अभूतपूर्व अनुशासन देना, उसे गतिशील बनाना और उसमें एकता स्थापित करना सम्मिलित था। ये सभी कार्य उन्होंने भारतीय राष्ट्रीय काँग्रेस के महासचिव (1923), अध्यक्ष (1931-33), संसदीय बोर्ड के अध्यक्ष (1934-1946) तथा कोषाध्यक्ष (1943-50) जैसे पदों पर रहते हुए किए थे।

'भारत शासन अधिनियम 1935' के अन्तर्गत जब 1937 में प्रान्तों की विधान-सभाओं के चुनाव हुए, तो वल्लभभाई पटेल के अथक परिश्रम, अनोखी सूझ-बूझ और संगठनात्मक योग्यता के कारण, और उनके तथा दूसरे साथियों के मध्य श्रेष्ठ तालमेल के कारण भारतीय राष्ट्रीय काँग्रेस को आशातीत सफलता प्राप्त हुई थी।

विशेष रूप से उल्लेखनीय बात यह रही कि यद्यपि उन्होंने संगठन में विभिन्न पदों का उत्तरदायित्व बखूबी निभाया, लेकिन पूरे 26 वर्षों तक (1920-46) वे ही निरन्तर गुजरात प्रदेश काँग्रेस समिति के अध्यक्ष बने रहे थे। गुजरात के काँग्रेसियों ने उन्हें पद से मुक्त ही नहीं किया था।

"महात्मा गाँधी तो विश्व के सबसे महान व्यक्ति हैं। मैं उनकी तुलना में क्या हूँ? मैं तो उनके आदेश का पालन करके अपने को धन्य ही कर सकता हूँ।"

देश स्वाधीनता के द्वार पर आ पहुँचा था। देश के भाग्य-निर्धारण का समय था। वल्लभभाई को इस कार्य में भी अपनी भूमिका का निर्वाह करना था। इसलिए राजधानी दिल्ली में उनका रहना अवश्यम्भावी बन गया था। उनके स्थान पर नए व्यक्ति की आवश्यकता थी, जो गुजरात प्रान्तीय काँग्रेस समिति की बागडोर सँभाल सके।

श्री कन्हैयालाल नानाभाई देसाई, जो गुजरात और देशभर में कानजीभाई के नाम से विख्यात रहे हैं, उस समय प्रान्तीय समिति के उपाध्यक्ष थे। वे बहुत ही ईमानदार, कर्मप्रिय व राष्ट्रभक्त थे। वे अच्छे गाँधीवादी तथा समाजसेवक भी थे। स्वतंत्रता आन्दोलन में जुड़ते समय वे सूरत जनपद के क्षेत्र के अत्यन्त ही प्रभावशाली और प्रगतिशील जमींदार थे तथा उन्होंने अपना सब कुछ देश, समाज, विशेषकर दबे-कुचले लोगों के लिए समर्पित कर दिया था।

सामान्यत: कानजीभाई देसाई ही वल्लभभाई के उत्तराधिकारी समझे

जाते थे। स्वयं वल्लभभाई भी उन्हें ही अपना उत्तरदायित्व सौंपना चाहते थे। इसीलिए 1946 में एक ओर वल्लभभाई गुजरात प्रान्तीय काँग्रेस समिति के अध्यक्ष पद से मुक्त हुए तो दूसरी ओर तुरन्त ही कानजीभाई ने उनका स्थान लिया। कानजीभाई जानते थे कि यह सब वल्लभभाई के इशारे पर ही हुआ है। इसलिए कानजीभाई देसाई ने अध्यक्ष पद पर अपने निर्वाचन के बाद वल्लभभाई को दिल्ली में पत्र भेजा। पत्र के एक अंश के अनुसार:

"मैं इतना बड़ा उत्तरदायित्व कैसे सँभाल सँकूगा? मेरे (कानजीभाई) और आप (वल्लभभाई) में तो बहुत अन्तर है...।"

वल्लभभाई बहुत सुलझे हुए, योग्य और हाज़िर जवाब संगठनकर्ता और राजनेता थे। उन्होंने कानजीभाई को उत्तर भेजा जिसमें लिखा था:

"...परन्तु जो उत्तरदायित्व आपने मुझसे सँभाला है, वही उत्तरदायित्व मैंने महात्मा गाँधी से सँभाला था। उनमें (गाँधीजी) तथा मेरे (वल्लभभाई) में जितना अन्तर है, उतना मेरे तथा आपके (कानजीभाई के) मध्य नहीं है।"

कानजीभाई को चुप होना पड़ा। उन्होंने भी आजीवन उत्तरदायित्व निभाया। सरदार पटेल ऐसे योग्य और उत्साहवर्धनकर्ता व्यक्तित्व थे।

7

योग्य कन्या ढूँढकर विवाह की चेतावनी

वल्लभभाई दृढ-निश्चयी व्यक्ति थे। वे लौह-पुरुष के रूप में जाने जाते थे। लेकिन उनमें अपनेपन की भावना कूट-कूटकर भरी थी। उनके

अपनेपन में आत्मीयता समायी हुई थी। इन दो गुणों के बल पर ही वे मानव से महामानव बन सके थे। बाहर से रूखे, फक्कड़ और अक्खड़ स्वभाव के

समझे जाने वाले वल्लभभाई में किस गहराई तक प्रेम, सत्कार और सेवा भावना थी, इसका अनुमान सामान्यत: नहीं लगाया जा सकता है।

साथियों के दुख-दर्द और कठिनाइयों की चिन्ता, उनके परिवारजनों के प्रति स्नेह और उत्तरदायित्व उनमें तब तक भी निरन्तर बना रहा था, जब वे भारत के उप-प्रधानमंत्री थे, और दिन-रात एक करके वे देश का एकीकरण कर रहे थे। उस समय उनके पास क्षणभर का समय भी नहीं था।

अहमदाबाद, मुम्बई, सूरत, आणन्द, राजकोट, वडोदरा, भरूच, खेड़ा, नड़ियाद, गोधरा या दूसरे नगरों-कस्बों में स्वाधीनता आन्दोलन के दौरान वे निरन्तर गए। यही नहीं, स्वाधीनता के बाद भी उनका यह क्रम टूटा नहीं था। पूर्व की ही भाँति अपने एक-एक साथी-कार्यकर्ता, अधीनस्थ या संगठन से जुड़े व्यक्ति अथवा उनके परिवारों के सदस्यों की कुशलता की जानकारी वे निरन्तर लेते रहते थे।

"आत्मीयता में जो आनन्द है, उसका सहज ही अनुमान नहीं लगाया जा सकता है। हमें अपने हृदयों को शुद्ध करना चाहिए, अपने मास्तिष्क को साफ रखना चाहिए और आत्मीयता से ही सामने वाले को जीतना चाहिए।"

कई बार उन्हें ज्ञात होता था कि अमुक कार्यकर्ता बीमार है, या वह कठिनाई में है, तो उसका हालचाल जानने के लिए वे उसी प्रकार उसके घर चले जाते थे, जैसे कि स्वाधीनता संघर्ष के दिनों में जाया करते थे। अहमदाबाद के शंकरलालभाई बैंकर, आणन्द के त्रिभुवनदासभाई पटेल, सूरत के कानजीभाई देसाई और वेरछी के जुमतरामभाई दवे के साथ इस तरह कई प्रसंग जुड़े हैं।

यही नहीं, वल्लभभाई साथी-कार्यकर्ताओं और उनके परिवार के सदस्यों की कठिनाई-परेशानी में आवश्यकतानुसार सहायता करना नहीं भूलते थे। यह कार्य वे जितना शीघ्र हो सके करते थे। साथियों का दुख

उनका अपना दुख होता था। उनके दुख में वे सदा ही भागीदार रहते थे।

स्वाधीनता संग्राम का अन्तिम पड़ाव था। सूरत के कानजीभाई उनके निकटतम साथी थे। दोनों के बीच पारिवारिक सम्बन्ध थे। कानजीभाई का बड़ा बेटा प्रमोद भरी जवानी में 1942 में विधुर हो गया था। उसने पुनः विवाह न करने का निश्चय किया। उनका छोटा पुत्र हितु शादी के प्रति उदासीन था। उसकी आयु तीस वर्ष के लगभग हो रही थी। कानजीभाई और उनकी पत्नी राधाबहन परेशान रहते थे। लेकिन हितु उनकी सुनने को तैयार ही नहीं थे।

एक दिन वल्लभभाई सूरत पहुँचे। उनका कानजीभाई के घर आगमन हुआ। उन्हें हितुभाई के अविवाहित होने और इस कारण से परिवार की परेशानी की सूचना थी। वल्लभभाई स्वतः चाहते थे कि हितु विवाह करे। इसलिए उन्होंने कानजीभाई के घर पहुँचते ही हितु को तलब किया और उससे पूछा:

"हितु शादी क्यों नहीं करते हो? क्या कारण हैं, अभी तक तुम अविवाहित हो? क्या कोई लड़की स्वयं पसन्द कर रखी है? कोई प्रेम-प्रसंग हो, तो मुझे स्पष्टतः बता दो।"

सदैव कम बोलने वाले वल्लभभाई पटेल ने एक ही साँस में न जाने कितने वाक्य बोल डाले? यह सब कुछ आश्चर्यजनक तो था ही, साथ में कानजीभाई के परिवार के प्रति उनके अपनेपन का सच्चा अहसास भी था।

वल्लभभाई की प्रेमभरी और मीठी बातों के आगे हितु एक शब्द भी नहीं बोल पाए, परन्तु वल्लभभाई तो सरदार थे। प्यार में भी उन्होंने हितु को चेतावनी दे डाली थी। और वह चेतावनी अपनेपन से भरी थी।

पुनः अवसर आया। कानजीभाई का परिवार दिल्ली गया। यह वर्ष 1946 की बात है। वल्लभभाई अन्तरिम सरकार में सम्मिलित हो चुके थे और भारत के गृहमंत्री थे। हितु भी परिवार के साथ थे जब परिवार के सदस्य वल्लभभाई के घर पहुँचे थे। शाम के समय सभी लोग साथ बैठे।

चर्चाओं का सिलसिला चल निकला। हितु अभी भी अविवाहित ही थे। इसलिए वल्लभभाई ने उससे पूछा:

"हितुभाई फिर क्या सोचा है विवाह के सम्बन्ध में? कोई कन्या ढूँढी है या नहीं? और देखो! या तो कोई कन्या ढूँढकर तुम शादी कर लो, अन्यथा अब मैं ही कोई लड़की ढूँढकर उसे तुम्हारे साथ ब्याह दूँगा। यही मेरी अन्तिम चेतावनी है तुम्हें।"

कितना अपनापन था वल्लभभाई पटेल की इस प्यार भरी मीठी डाँट में? ऐसे महान और आत्मीयता से भरे हुए थे वे।

◆◆◆

8

दोनों ओर से इतिहास में अमर स्थान

भारत को एकता के सूत्र में पिराते समय वल्लभभाई पटेल ने 554 देशी-राज्यों का एकीकरण किया था। केवल यही एक कार्य इतना महान था जो वल्लभभाई को सदा-सदा के लिए इतिहास में अमर स्थान प्रदान करता है।

सम्पूर्ण विश्व के इतिहास में वल्लभभाई द्वारा किए गए इस भागीरथ कार्य के समान कोई दूसरा उदाहरण नहीं मिलता है। इतने बड़े पैमाने पर और इतने कम समय में, साथ ही इतने कम शक्ति प्रयोग द्वारा कहीं भी देश का एकीकरण नहीं हुआ, जिस प्रकार वल्लभभाई के नेतृत्व में भारत में हुआ।

वल्लभभाई का यह कार्य वास्तव में चौंका देने वाला था, क्योंकि (1947 ई० में) विभाजन के उपरान्त एकीकरण की जो प्रक्रिया प्रारम्भ हुई तथा उसके पूर्ण हो जाने के बाद क्षेत्रफल की दृष्टि से जो भारत का मानचित्र सामने आया वह बहुत ही विशाल था। कदाचित् ऐसा मानचित्र न तो 'श्रीराम' के राज्य का था न किसी मौर्य सम्राट के काल का, न गुप्त

शासन का और न ही अकबर के शासन-क्षेत्र का। वल्लभभाई पटेल का भारत हर एक से बड़ा था।

इसी के साथ हमें यह भी जानना चाहिए कि भारत हमेशा एक राष्ट्र तो माना गया, लेकिन आधुनिक समय की 'राज्य' की अवधारणा के समान राज्य वह पहली बार एकीकरण के बाद 1948 ई० में ही बना और उसके निर्माता थे भारतीयजन के प्रिय सरदार वल्लभभाई पटेल।

ऐसा कहा जाता है कि वल्लभभाई पटेल ने राष्ट्रीय हित को सर्वोच्च मानते हुए, एकीकरण की प्रक्रिया में साम, दाम, दण्ड, भेद, अर्थात हर तरह की नीति का अनुसरण किया। यदि एक समय यह बात स्वीकार कर भी ली जाए तो ध्यान में रखना चाहिए कि वल्लभभाई ने ऐसा करते समय जनहित की सर्वोच्चता और न्यूनतम शक्ति प्रयोग का भी दृढ़-निश्चय कर रखा था।

यही कारण भी था कि 3 जून 1947 की ब्रिटिश सरकार की भारतीय स्वतंत्रता के सम्बन्ध में की गयी घोषणा के दिन से 15 अगस्त, 1947 की देश की स्वतंत्रता की तिथि के मध्य के कुछ ही सप्ताहों में, तीन प्रमुख

देशी रियासतों-जूनागढ़, हैदराबाद तथा जम्मू-कश्मीर-को छोड़कर शेष सभी 551 राज्यों का, अधिकतर का स्वेच्छापूर्वक, हिंसा के बिना, योग्य सूझबूझ और दक्षता से वल्लभभाई ने संघ में विलय करा लिया था।

जूनागढ़ में वल्लभभाई ने जनता को परोक्ष रूप से जनशक्ति प्रदर्शनार्थ प्रेरित कर उसे संघ में सम्मिलित होने को विवश किया था। जम्मू-कश्मीर उनकी दृढ़तापूर्ण और त्वरित निर्णय-क्षमता और कार्यवाही के कारण ही भारतीय संघ का अंग बन सका था।

हैदराबाद राज्य की स्थिति अत्यन्त ही जटिल थी। लगभग एक करोड़ की जनसंख्या वाला हैदाराबाद राज्य, जो सबसे बड़ा देशी-राज्य भी था, वल्लभभाई पटेल की स्पष्ट नीति और उनके द्वारा की गयी सैन्य कार्यवाही के परिणामस्वरूप ही भारतीय संघ का अंग बन सका था।

> **"हम अपनी मातृभूमि, भारतमाता, के सेवक हैं। मातृभूमि के लिए सर्वस्व न्यौछावर कर देना हमारा कर्तव्य है। हमारा अस्तित्व और हमारी प्रगति अपनी मातृभूमि के साथ अभिन्नतः जुड़ी हुई है। इसलिए मातृभूमि की रक्षा से बढ़कर कोई कर्तव्य नहीं हो सकता है।"**

हैदराबाद राज्य के विलय के सम्बन्ध में वल्लभभाई ने बहुत ही धैर्यपूर्वक अपनी नीति का अनुसरण किया। उनका पूरा-पूरा प्रयास यही रहा था कि राज्य के विलय की प्रक्रिया में हिंसा का प्रयोग न हो। यही कारण था कि 1947 के अन्त में राज्य के साथ सहर्ष एक सन्धि भी की थी। सन्धि की शर्तों में से एक के अनुसार दोनों हैदराबाद राज्य और भारत संघ ने एक-दूसरे के यहाँ एक-एक 'एजेन्ट-जनरल' नियुक्त करने की व्यवस्था की।

लेकिन हैदराबाद राज्य के सम्बन्ध में वल्लभभाई पूर्ण सचेत भी थे।

उनकी अन्तिम इच्छा राज्य के भारतीय संघ में विलय की थी। घी चाहे सीधी अँगुली से निकले या टेढ़ी से, यह कार्य उन्हें करना ही था। इसी दृढ़ धारणा से उन्होंने सन्धि की शर्तों के अनुपालन में कन्हैयालाल माणिकलाल मुन्शी को भारत की ओर से हैदराबाद में 'एजेन्ट-जनरल' नियुक्त किया।

वल्लभभाई पटेल को हैदराबाद राज्य की ओर से वचनबद्ध न रह पाने की शंका थी। मुन्शी को बारम्बार वे सचेत किया करते थे। 1948 में उनकी शंका वास्तविक बन गयी। हैदराबाद के निजाम ने एकतरफा रूप से सन्धि को भंग कर दिया और भारत के 'एजेन्ट-जनरल' मुन्शी को भी नज़रबन्द कर दिया गया। रात्रि का समय था, नज़रबन्द मुन्शी ने वल्लभभाई को दिल्ली फोन किया।

वल्लभभाई ने दृढ़ता के साथ मुन्शी से सारी स्थिति की जानकारी ली। फिर उन्होंने मुन्शी को उनके प्यारे नाम से सम्बोधित करते हुए कहा, "देखो कनुभाई ! यह सब ठीक हो जाएगा। अन्त में विजय सत्य की ही होगी। लेकिन आपके लिए तो यह अत्यन्त ही उत्तम अवसर है। दृढ़ बने रहना। निडरता रखना। आपको दोनों ही रूप में इतिहास में अमरता मिलने वाली है। यदि जीते तो 'विजेता के रूप में' आपको अमर स्थान प्राप्त होगा, लेकिन अगर वहाँ खप गए तो 'महान शहीद' के रूप में अंकित हो जाओगे। इस तरह भी आपको अमरता ही मिलेगी।"

इतना कहकर वल्लभभाई खिल-खिलाकर हँस पड़े। वीरता से कार्य करने और इस हेतु प्रेरित करने की ऐसी अद्भुत कला उनमें थी।

◆◆◆

9

एक ही घर का इरादा दूसरे का नहीं

'कार्य निःसन्देह पूजा है, और हँसना ही ज़िन्दगी है', इस मंत्र के उद्घोषक वल्लभभाई पटेल का जीवन गुणसम्पन्न तथा बहुआयामी था। अनुशासन उनके जीवन का प्रमुख गुण था। वे चापलूसों से सावधान रहते थे। वास्तविकता को जानना उनका सदा ही प्रयास होता था। वास्तविकतापूर्ण व्यवहार और दलीय कार्यकर्ताओं, विशेषकर जो समर्पित हों, की सुनवाई उनकी नीति थी।

बारडोली किसान सत्याग्रह (1928) के दौरान वल्लभभाई का कानजीभाई से सम्पर्क हुआ था। कानजीभाई की देशभक्ति, जनसेवा-भावना, त्याग और कर्मण्यता से वल्लभभाई इतने प्रभावित हुए थे कि वे आजीवन कानजीभाई परिवार के मुखिया के समान रहे थे। दूसरी ओर कानजीभाई वल्लभभाई की नेतृत्व क्षमता, अनुशासनबद्ध जीवन और कार्यशैली, दृढ़-निश्चयता, निर्णय-शक्ति और राष्ट्रीय सोच के समक्ष जीवनभर नतमस्तक रहे थे।

कानजीभाई से सम्बन्ध बनने के वर्ष 1928 से लेकर अपनी 1950 में मृत्यु की अवधि तक जब-जब भी सरदार वल्लभभाई पटेल सूरत आए, वे वहाँ किसी अतिथिगृह, उच्चपदासीन व्यक्ति के घर या किसी धनवान के बंगले में नहीं ठहरे। सूरत में उनके ठहरने का एक ही स्थान होता था। वे सदा कानजीभाई के घर पर ठहरा करते थे।

"मेरा सम्पूर्ण सार्वजनिक जीवन स्पष्टतः बताता है कि मैं चापलूसी और नाहक प्रशंसा को पसन्द नहीं करता हूँ। कर्म को पूजा मानने वाले ही मेरे प्रिय हैं और उन्हीं के समक्ष मैं नतमस्तक होता हूँ।"

वर्ष 1937 ईस्वी में प्रान्तीय विधानसभाओं के चुनाव हुए थे। वल्लभभाई पटेल काँग्रेस संसदीय दल के अध्यक्ष होने के नाते चुनावों के बाद बनी काँग्रेसी सरकारों को दिशा-निर्देश भी देते थे। एक प्रकार से वे ही सरकारों का संचालन करते थे तथा इस प्रकार शक्तिशाली नेता के रूप में स्थापित हो गए थे। सूरत में अनेक लोगों की इच्छा रहती थी कि वल्लभभाई पटेल उनके घर पर भी ठहरें। इस प्रकार इच्छा रखने वालों में कुछ तो स्वयं वल्लभभाई की जाति 'पाटीदार' से ही थे। परन्तु वल्लभभाई को इस बात से क्या लेना-देना था? वे तो हकदार व्यक्ति के घर पर ही ठहरते थे। हकदार वास्तव में ही कानजीभाई देसाई थे।

एक बार, जैसा कि स्वाभाविक ही था, वल्लभभाई सूरत स्टेशन पर उतरे और सीधे कानजीभाई के 'लीमड़ी कुई' स्थित निवास स्थान पर पहुँच गए। नगर के प्रसिद्ध व्यक्ति दलीचन्दभाई तुरन्त वल्लभभाई के पीछे-पीछे कानजीभाई के घर तक आ गए और उनसे निवेदन करने लगे:

"मेरे घर चरण डालिएगा सरदार साहेब! मैं आपका निकटतम हूँ।"

"लेकिन मैंने तो जीवन में एक ही घर किया है, दूसरा नहीं," वल्लभभाई ने तुरन्त उत्तर दिया। यही नहीं उन्हें यह भी कहा, "जब तक भी मैं जीवन में सूरत आऊँगा, मेरा यहाँ एक ही घर होगा, और वह कानजीभाई का घर होगा।"

वल्लभभाई के दो टूक उत्तर से दलीचन्द स्तब्ध रह गए। यद्यपि वल्लभभाई पटेल के इस तरह दिए गए उत्तर के मूल में कोई द्वेष-भावना नहीं थी, लेकिन इसका कारण स्पष्ट था। सरदार पटेल की दृष्टि में कानजीभाई की निःस्वार्थता दलीचन्दभाई से कहीं अधिक थी। इसीलिए उन्होंने स्वाभावानुसार टालमटोल नहीं की। दूसरे, ऐसा करने के पीछे वल्लभभाई द्वारा अन्यों को यह सन्देश देना भी था कि वे किसी अवास्तविकता अथवा चापलूसी के अधीन नहीं होंगे।

वल्लभभाई की सदा ही प्राथमिकता उस व्यक्ति के लिए थी जो दिल से साफ हो, जो निःस्वार्थ भावना रखता हो तथा जो उनके नाम से कोई अनुचित लाभ न उठाए। वह सरदार पटेल ही थे कि जिन्होंने अपने नाम का लाभ उठाने या आस-पास पड़ी राष्ट्रीय अथवा सामाजिक अमानत में ख़यानत की आशंका से अपने एकमात्र पुत्र डह्याभाई पटेल को भी नहीं बख्शा था, और उनसे दूरी बना ली थी।

इस सन्दर्भ में एक छोटे से प्रसंगानुसार, सरदार वल्लभभाई पटेल के पास भारतीय राष्ट्रीय काँग्रेस की निधि पड़ी रहती थी। वे गृहमंत्री बने तो उनके पुत्र डह्याभाई एक गाय खरीद लाए। सरदार को दूध पीने का शौक

था, इसीलिए गाय खरीदी गयी थी। वल्लभभाई को सन्देह हुआ कि कदाचित् घर में रखे दलीय धन से डह्याभाई गाय खरीद लाए हैं। बस यही कारण बना कि उन्होंने अपने पुत्र से किनारा कर लिया। उन्होंने डह्याभाई के घर जाना छोड़ दिया और उन्हें भी अपने घर आने को मना कर दिया। ऐसा था उनका स्वभाव। वे वहीं ठहरते थे, जहाँ ईमानदारी हो, निःस्वार्थता हो और लाग लपेट न हो। कानजीभाई का घर इसीलिए उन्हें प्रिय था।

◆◆◆

10

मिला सम्मान आपको वापस

अनेक जन जानते भी हैं कि चम्पारण (बिहार) में सफलतापूर्वक किसानों को नेतृत्व प्रदान करने के बाद गाँधीजी ने 1918 ईस्वी के प्रारम्भ

में खेड़ा के किसानों को न्याय दिलाने का कार्य प्रारम्भ किया था। अहिंसा पर आधारित सिद्धान्त के दायरे में गाँधीजी का भारत में प्रथम प्रयोग खेड़ा

में हुआ था। किसानों से सरकार द्वारा जबरन लगान वसूली के विरोध में संघर्ष की वह तैयारी थी।

खेड़ा जनपद के ही मूल निवासी, वहाँ के प्रत्येक ग्राम से परिचित, किसानों की दशा, स्थिति, दुख और कठिनाई की जानकारी रखने वाले

"हिन्दुस्तान सैंकड़ों वर्ष से असाध्य रोग से पीड़ित है। इस रोग की चिकित्सा करने वाला अभी तक कोई वैद्य नहीं मिला, और जो मिले हैं वे मीठी दवा देने वाले हैं। मीठी दवा से असाध्य रोग नहीं मिटता...। अब योग्य वैद्य आपके मध्य है... महात्माजी के परामर्श को स्वीकार कीजिए और रोग से छुटकारा पा लीजिए।"

वल्लभभाई पटेल खेड़ा संघर्ष में गाँधीजी के मुख्य सहायक रहे थे। स्वयं गाँधीजी ने ही उन्हें उत्सुकतापूर्वक संघर्ष का उप-सेनापति बनाया था।

गाँधीजी के नेतृत्व में, परन्तु वल्लभभाई की कुशल संगठनात्मक क्षमता, अधीन-कार्यकर्ताओं से काम लेने की कला व दक्षता और किसान-वर्ग में साहस बनाए रखने की शक्ति के कारण, खेड़ा किसान सत्याग्रह सफल रहा था।

संघर्ष की सफलता के बाद विजयोत्सव मनाने के उद्देश्य से नड़ियाद में एक सार्वजनिक सभा का आयोजन किया गया। सभा में अपने उद्गार प्रकट करते हुए गाँधीजी ने कहा था:

"सेनापति की बुद्धि की परख इस तथ्य में छिपी होती है कि अपनी व्यवस्थापक मण्डली का चयन किस प्रकार से करता है? फिर जो आदर्श अथवा नियम निर्धारित किए गए हों, यदि सैनिक उन्हीं के आधार पर कार्य करें, तभी संघर्ष में सफलता मिल सकती है। परन्तु निर्धारित आदर्शों और नियमों पर यदि सेना ही अमल न करे, तो सफलता तो दूर, स्वयं सेनापति भी असहाय होकर रह जाएगा।

"मैंने कोई बहुत बड़ा काम किया हो, ऐसी बात नहीं है। अनेकजन मेरी बात मानकर चलने को तैयार थे। ...परन्तु मेरे मन में बारम्बार यही विचार आया कि आखिरकार इस संघर्ष का उप-सेनापति कौन हो? उसी समय मेरी दृष्टि वल्लभभाई पर गयी।

"मुझे यह स्वीकार करना चाहिए कि वल्लभभाई से जब मैं पहली बार मिला था तो मुझे लगा था कि यह अक्खड़ स्वभाव वाला मनुष्य कौन होगा? यह क्या कार्य करेगा? परन्तु जैसे-जैसे उनके साथ मेरा सम्पर्क बढ़ता गया, मुझे लगता गया कि वल्लभभाई तो मेरे लिए अनिवार्य हैं। उनके बिना तो मेरा काम ही नहीं चलेगा।

"वल्लभभाई ने भी यह माना कि आज तो मेरी वकालत खूब चलती है, नगरपालिका में बहुत-सा कार्य वे कर रहे हैं, परन्तु किसानों का यह काम, जिसमें जनता को न्याय दिलाने की बात है, उससे भी बड़ा है। मेरी वकालत आज है, लेकिन हो सकता है कि कल वह न रहे। पैसा आज है, हो सकता है कि उत्तराधिकारी कल उसे उड़ा दे। मैं धन की अपेक्षा, क्यों न कोई और ऊँची विरासत छोड़ जाऊँ? इन विचारों को मन में दृढ़ करके वे इस आन्दोलन में मेरे साथ सम्मिलित हो गए।

"उसके बाद का अनुभव और वल्लभभाई का अतियोग्य कार्य सबके सामने है ही। स्पष्ट बात यह है कि यदि वल्लभभाई मुझे नहीं मिले होते, तो जो काम आज हुआ है, वह कदापि नहीं होता।"

वल्लभभाई पटेल में श्रद्धाभाव था। उनमें समर्पण जैसा गुण था। इसीलिए उसी सभा में गाँधीजी के उद्गारों का उत्तर देते हुए उन्होंने कहा था:

"भारत में महात्माओं एवं देवताओं की यह प्रथा रही है कि जो चढ़ावा-प्रसाद स्वरूप उन्हें चढ़ाया जाता है, उसका सेवन वे स्वयं न करके उसे अपने पुजारियों-श्रद्धालुओं को दे दिया करते हैं। उसी प्रथा के अनुसार आज गाँधीजी ने भी प्रसादी मुझे दे दी है; सत्यता फिर भी यह है कि सब कुछ उन्होंने ही किया है, मैंने कुछ नहीं किया है।

"मैं अपने साथियों तथा स्वयं अपनी ओर से यह कहना चाहता हूँ कि खेड़ा जनपद की जनता ने यद्यपि स्वयं वीरता और सहनशीलता दिखाई है, जनता के ऐसा न करने की स्थिति में हम कदापि कुछ नहीं कर सकते थे, लेकिन गाँधीजी का नेतृत्व ही मार्गदर्शन कर सका है। वही सफलता का सर्वप्रमुख कारण रहा है। इसलिए जो सम्मान मुझे दिया गया है, उसका हकदार मैं बिल्कुल नहीं हूँ। अपने को मिला सम्मान मैं गाँधीजी को वापस करता हूँ।"

11

जवाहर का सिपाही

मर्यादा पुरुषोत्तम भगवान श्रीराम ने मित्र और शिष्य के रूप में हनुमान का चयन किया था। हनुमान की रामभक्ति और उनका अनुसरण सदा-सदा के लिए प्रेरक उदाहरण बन गया। आधुनिक युग में रामकृष्ण 'परमहंस' ने विवेकानन्द का शिष्य के रूप में चयन किया, तो 'परमहंस' के मानवता के सन्देश को शिकागो तक वे पहुँचा सके थे। यह भी एक अनुकरणीय उदाहरण रहा था।

गाँधीजी ने वल्लभभाई का चयन किया। खेड़ा सत्याग्रह के दौरान पूर्ण विश्वास के साथ उन्होंने घोषणा की, "यह (खेड़ा) वल्लभभाई की मातृभूमि है। यद्यपि वल्लभभाई अभी अग्नि की भट्टी में हैं, अहिंसक सत्याग्रह सिद्धान्त की व्यावहारिक परीक्षा

वे दे रहे हैं, लेकिन मेरा दृढ़-विश्वास है कि भट्टी से हम कुन्दन ही निकालेंगे।"

गाँधीजी के सिद्धान्त को आजीवन वल्लभभाई यशस्वी बनाते रहे। वे उसे व्यवहार में उतारते रहे। यही नहीं, किसी विशेष मुद्दे पर यदि असहमति हो तो अपना मत वे दृढ़ता से प्रकट कर देते थे। लेकिन अन्ततः गाँधीजी जो भी निर्णय कर दें, उसे वे सिर-माथे पर रखते थे।

"मैं कोई नेता नहीं हूँ। मैं एक सिपाही हूँ और यह नहीं मानता हूँ कि मात्र कह देने से या कल्पना करने से ही कोई प्राप्ति हो सकती है।"

गाँधीजी की इच्छा शिरोधार्य करते हुए चार बार वल्लभभाई ने काँग्रेस-अध्यक्ष पद प्रसन्नता के साथ पण्डित जवाहरलाल नेहरू को दिया। पण्डितजी उनसे चौदह वर्ष आयु में छोटे थे। चारों बार स्थिति ऐसी थी कि काँग्रेस को देश के सम्बन्ध में ऐतिहासिक निर्णय लेने थे। दूसरे शब्दों में, चारों बार का समय बहुत ही महत्त्वपूर्ण था। सभी बार वल्लभभाई के पक्ष में जनमत था, काँग्रेस समिति के सदस्यों का बहुमत भी उनके साथ था। जानकारी के लिए अवश्य ही बताना चाहिए कि वे चार अवसर थे: वर्ष 1929, 1936 (दो बार) और 1946 ईस्वी। फिर 1946 में मौलाना आजाद की पदमुक्ति के बाद महात्मा गाँधी ने वल्लभाई से पण्डितजी के पक्ष में, बहुमत होने के बावजूद, दावा छोड़ने को कहा। वल्लभभाई ने ऐसा ही किया।

यही नहीं, बापू ने वल्लभभाई से यह वचन लिया कि वे आजीवन नेहरू को अपना नेता मानेंगे। वल्लभभाई ने जीवनभर दिए गए वचन का पालन किया। 12 दिसम्बर, 1950 को अपनी अन्तिम मुम्बई यात्रा के लिए बीमार सरदार पटेल को जब दिल्ली के हवाई अड्डे पर लाया गया तो उनके शब्द थे:

"नेहरू पर बहुत भार है। ईश्वर उसे सहने की शक्ति दे। सभी उसका हाथ बँटाएँ।"

यह था उनका चरित्र और वचन के पालन करने का दृढ़-निश्चय। जब कभी भी किसी ने दल या सरकार में सरदार के सामने उनकी वरिष्ठता की बात की, तो वल्लभभाई ने तुरन्त ही ऐसे व्यक्ति का मुँह बन्द करते हुए नेहरू के प्रति पूरी-पूरी वफादारी का परिचय दिया।

गुजरात वल्लभभाई की जन्मभूमि थी, और प्रमुखता से वह उनकी कर्मभूमि भी थी। नड़ियाद कस्बा, जहाँ वे पैदा हुए, उनके सम्मान की राह देखता था। 1948 में वे नड़ियाद पधारे। सार्वजनिक सभा हुई, जिसमें उनके सम्मान में बोलते हुए कन्हैयालाल मणिकलाल मुन्शी ने सरदार पटेल को उपलब्धियों के बारे में बताया। मुन्शी ने उनके जीवन, चरित्र व कार्यों को चर्चा की तथा साथ ही उन्हें देश का महान व सबसे बड़ा नेता घोषित किया।

लेकिन वल्लभभाई ने एक तो गाँधीजी को पण्डित नेहरू के सम्बन्ध में वचन दे रखा था, दूसरे सरदार सच्चे दिल से, पद-प्रतिष्ठा के मोह से ऊपर उठकर नेहरू के नेतृत्व में राष्ट्र के लिए कार्य कर रहे थे। इसलिए मुन्शी के शब्दों से वे बेचैन हो उठे। वे तुरन्त ही अपने स्थान से उठे। माइक पर गए और बोले:

"हमारे नेता एक ही हैं। वे हैं, पण्डित जवाहरलाल नेहरू। मैं जवाहर का सिपाही हूँ। मैं जवाहर का सिपाही हूँ, और मैं जवाहर का सिपाही हूँ।"

इसी तरह के उद्‌गार वल्लभभाई ने नासिक काँग्रेस अधिवेशन में प्रकट किए तथा यही उन्होंने जयपुर काँग्रेस में दोहराया।

कार्यपद्धति को लेकर नेहरू व पटेल में मतभेद की बात की जाती थी। ऐसा होना स्वभाविक था। लेकिन राष्ट्रीय हित में कार्य करते समय इस

तरह के मतभेदों का कोई महत्त्व नहीं रह गया था। नेतृत्व पर पूरा-पूरा भरोसा रखने वाले वल्लभभाई ने 2 अक्टूबर, 1950 को कहा था:

"पण्डित जवाहरलाल नेहरू हमारे नेता हैं। बापू ने उन्हें अपना उत्तराधिकारी नियुक्त किया है। इस बात की घोषणा उन्होंने की है। बापू के समस्त सैनिकों का कर्तव्य है कि वे जवाहरलालजी के आदेश का पूर्णतः पालन करें। हृदय से जो लोग उनके आदेश का पालन नहीं करते हैं, वे भगवान के अपराधी हैं। मैं बेवफा सिपाही नहीं हूँ। मैं जिस स्थान पर हूँ, उसके सम्बन्ध में मुझे कभी विचार नहीं आता है। मैं तो इतना ही जानता हूँ, बापू ने मुझे जहाँ रखा था, मैं वहीं हूँ।"

◆◆◆

12

आणन्द की डेयरी का हाल

छोटे-से-छोटे व बड़े-से-बड़े कार्यकर्ता को व्यक्तिगत रूप से पहचानना वल्लभभाई का ऐसा गुणा था जिसने उन्हें प्रत्येक कार्यकर्ता का

अपना बना दिया था। ये ही कार्यकर्ता छोटे-से-छोटे और दूर-दराज़ के गाँवों की सूचनाएँ वल्लभभाई तक पहुँचाया करते थे।

स्वाधीनता के बाद एक बार वल्लभभाई अहमदाबाद पहुँचे। उन दिनों उनका स्वास्थ्य खराब चल रहा था। त्रिभुवनदास पटेल, माधवलाल शाह और रावजीभाई उनसे मिलने पहुँचे। जैसे ही वे वल्लभभाई के विश्राम कक्ष की ओर जाने को तैयार हुए उनसे मणिबहन ने कहा:

"देखो ! आप लोगों को सरदार से केवल मिलने की ही आज्ञा है। किसी विषय पर आप उनसे बातचीत न करें।"

तीनों लोग सरदार के कक्ष में चले गए। वे मूक बनकर सरदार के पास बैठे भी रहे। वल्लभभाई भी चुप रहे क्योंकि मणिबहन वहाँ उपस्थित थीं। तभी अचानक टेलीफोन की घंटी बजी। टेलीफोन साथ वाले कमरे में था। मणिबहन टेलीफोन उठाने को चली गयी और फिर क्या था? वल्लभभाई शुरु हो गए:

"कहो भाई आणन्द की डेयरी कैसी चल रही है? फसल का क्या हाल है? और क्या नाम है उस भाई का जिसका बेटा बैरिस्ट्री के लिए विदेश गया था? कैसा है वह भाई? लड़के के नियमित रूप से पत्रादि तो मिलते हैं या नहीं ?"

इस प्रकार एक-एक कार्यकर्ता, एक-एक गाँव का नाम लेकर कुछ ही मिनटों में सारे खेड़ा जिले की बातें वल्लभभाई ने पूछ डालीं। यह थी उनकी वार्ता-शैली। उनका इस तरह बातचीत का ढंग केवल खेड़ा जनपद अथवा गुजरात प्रान्त के साथियों-कार्यकर्ताओं तक ही सीमित हो, ऐसी

> **"मेरे साथी और मेरे कार्यकर्ता मेरे साथ खड़े रहे हैं, वे मेरा परिवार हैं। उन पर दुख आ पड़े या वे कठिनाई में हों, तो मैं बेचैन हो उठता हूँ।"**

बात नहीं थी। भारतवर्ष के सभी साथियों-कार्यकर्ताओं से इसी शैली में व अपनेपन से वे वार्ताएँ किया करते थे। यही एक प्रमुख कारण भी था कि वल्लभभाई महात्मा गाँधी के सत्याग्रह सिद्धान्त को व्यापक स्वरूप प्रदान कर सके थे और उसे व्यवहार में ला सके थे।

उन दिनों में होता यह था कि रास्ता गाँधीजी दिखाते थे। लेकिन उससे जनता कैसे अधिकाधिक संख्या में जुड़े? यह काम वल्लभभाई किया करते थे। गाँधीजी प्रस्ताव करते थे। प्रस्ताव पर अमल कैसे होगा? यह कार्य सरदार का होता था। यही कारण भी था कि दलीय संगठन मजबूत था। कार्यकर्ताओं में स्फूर्ति थी। वे राष्ट्रीयता से ओत-प्रोत थे। भ्रष्टाचार देखने को नहीं मिलता था।

काँग्रेस संगठन उक्त वर्णित कारणों से ग्रामीण और भारतीय संस्कृति का प्रतीक बन गया था। केवल ग्रामों में जाने की बातें ही नहीं होती थीं, अपितु वहाँ जाकर रचनात्मक कार्य किए जाते थे। 1927 ईस्वी में आयी बाढ़ के परिणामस्वरूप आए भयंकर संकट के समय खेड़ा और निकटवर्ती दूसरे जिलों में जो काम वल्लभभाई के दिशा-निर्देशन में कार्यकर्ताओं ने किए थे, उस तरह के कामों की आज तो केवल कल्पना ही की जा सकती है।

अहमदाबाद शहर से वल्लभभाई ने काँग्रेसी कार्यकर्ताओं के सिर पर तैयार भोजन और अनाज रखवाया था। वे मीलों पैदल चलकर, कहीं-कहीं पानी में से गुजरकर, बिना किसी परवाह के खेड़ा के अंग्रेज कलक्टर के पास पहुँचे थे, जिन्होंने आम जनता में सामग्री को बाँटे जाने की व्यवस्था करायी थी।

यदि व्यवस्थित ढंग से इस प्रकार भोजन और अनाज उस समय खेड़ा नहीं भेजा जाता तो स्थिति बहुत ही विकट हो गयी होती। कलेक्टर के पास संकटकाल में राहत के नाम पर देने को कुछ भी नहीं था। पानी में घिरे लोग भूखे मर जाते। लेकिन कार्यकर्ताओं के साहस व त्याग भरे कदम से अनेक लोगों के प्राणों की रक्षा हो सकी थी।

इसी प्रकार खेड़ा जनपद के अन्य स्थानों पर एवं दूसरे जनपदों में भी जितनी अधिकाधिक संभव हो सकी थी, दानदाताओं से दान-राशि व सामग्री लेकर वल्लभभाई ने कार्यकर्ताओं के माध्यम से भिजवायी।

ढोलका और मातर तहसीलों के ढालदार क्षेत्रों में अनेक ग्राम समुद्र में मिट्टी के ढेर के समान प्रतीत होते थे। ऐसे स्थानों पर भोजन व अन्य खाद्य-सामग्री के अतिरिक्त वस्त्र भेजने की व्यवस्था भी वल्लभभाई ने करायी थी। यही नहीं, बाढ़ का पानी उतर जाने के बाद मकानों को पुनः खड़ा करने की जो व्यवस्था की गयी, वह आश्चर्यजनक थी। उस कार्य को देखकर और उससे प्रभावित होकर तत्कालीन अंग्रेज वायसराय लार्ड इरविन ने वल्लभभाई के नेतृत्व में राहत और बचाव करने वाली गैर सरकारी, और एक सरकारी समिति को तालमेल से कार्य करने के परामर्श के साथ, एक करोड़ रुपये की राशि प्रदान की थी।

फिर वल्लभभाई की योग्य संगठन-क्षमता, उनकी उदारता, आमजन से निकटता और त्वरितता से जो कार्य हुआ, उसके लिए व्यक्तिगत रूप से भी दान देने वालों में होड़ लग गयी थी। दानार्थ अनेक लोग आगे आए। दान-दाताओं ने आत्मसन्तोष माना और जन-हितार्थ कार्यकर्ता वल्लभभाई को ईश्वर द्वारा भेजा गया एक योग्य व सच्चा पुरुष स्वीकार किया था।

◆◆◆

13

जगह का सदुपयोग

वर्ष 1932 ई० में वल्लभभाई पटेल का यरवड़ा में कारावास ऐतिहासिक, महत्त्वपूर्ण एवं स्मरणीय रहा। यरवड़ा में उन्हें महात्मा गाँधी का साथ मिला, जहाँ वल्लभभाई उनकी श्रद्धा तथा स्नेह के साथ सेवा कर सके थे।

महात्मा गाँधी के निजी सचिव और सुविख्यात गुजराती विद्वान महादेव देसाई भी उनके साथ ही यरवड़ा में थे। तीनों का साथ-साथ रहना प्रेरणादायक तथा महत्त्वपूर्ण था। वल्लभभाई स्वभाव से भले ही शुष्क प्रतीत होते हों, लेकिन भीतर से

वे कोमल थे। ऊपर से वे अक्खड़ लगते थे, रूखी बात करते लगते थे, लेकिन अवसर आने पर सामने वाले को तो हँसा-हँसाकर पागल कर देते थे।

बापू से वल्लभभाई स्पष्ट बातें करते थे। ऐसे बोलते थे कि जैसे वे उन्हें झाड़ रहे हो। 22 अक्टूबर 1932 का प्रसंग है। गाँधीजी ने सवेरे-सवेरे महादेवभाई से कहा:

"तुम हर सवेरे उठने के बाद केवल फलों को साफ करने में ही 45 मिनट लगा देते हो, जो ठीक नहीं है। यह सब अब नहीं चलेगा। सारे फल इधर ले आओ। हम तीनों (गाँधी स्वयं, महादेवभाई तथा वल्लभभाई) मिलकर इन्हें साफ करेंगे। इस तरह 45 मिनट का यह काम मात्र 15 मिनट में ही हो जाएगा।"

महादेवभाई ने उत्तर दिया:

"ठीक है, लेकिन मेरे ही तो 45 मिनट लगते हैं न। इस अवधि में आप कोई दूसरा महत्त्वपूर्ण काम कर सकते हैं।"

"नहीं," गाँधीजी ने बात को आगे बढ़ाते हुए कहना शुरू किया, "यह बात गलत है। काम को इस प्रकार 'भूत' नहीं बनाया जा सकता है। इस तरह तो यदि मैं खाना-पीना बन्द कर दूँ, शौच जाना छोड़ दूँ अथवा घूमना-फिरना त्याग दूँ, तो काम करने के लिए उनके घण्टे मिल जाएँगे। मैं वालजी[1] को यह शिक्षा देता हूँ कि बाँटकर ही काम करना चाहिए। काम में हाथ बँटाना चाहिए। लेकिन मैं तो स्वयं ही शिक्षा लेने के लायक हूँ।"

महादेवभाई बोले:

"फिर आप ऐसा क्यों कहते हैं कि मेरा (महादेव का) 45 मिनट का समय खराब होता है? मैं भी तो सारा दिंन लिखने-पढ़ने में ही व्यतीत करता हूँ। इससे तो अच्छा यही है कि मैं कम-से-कम इतना काम तो करूँ।"

दोनों–गाँधीजी और महादेवभाई–के बीच इस तरह तर्क–वितर्क होने

> **"जहाँ तक भी हो सके अपने आस–पास के खाली स्थान का सदुपयोग करो, इससे स्वच्छता आएगी और किसी–न–किसी रूप में स्थान से लाभ भी मिलेगा।"**

लगा और उसमें वल्लभभाई भी कूद पड़े। उन्होंने महादेव देसाई से कहा:

"महादेवभाई! तुम बापू से पार नहीं पा सकोगे। वे इतने हाज़िर–जवाब हैं कि किसी भी बात में हार नहीं मानते हैं।"

"लेकिन," गाँधीजी बोले," अनुभव तो यही बताता है कि मुझसे कहीं अधिक हाज़िर जवाब आप स्वयं हैं।"

वल्लभभाई ने उत्तर देते हुए कहा:

"तो इससे क्या हुआ? लेकिन यह बताइएगा कि जहाँ बैठना, वहीं खाना और वहीं फलों को साफ करना, क्या यह ठीक है? इससे तो यहाँ मक्खियाँ हो जाएँगी और साथ ही गन्दगी फैलेगी। क्यों न महादेवभाई या कोई दूसरा अलग होकर यह काम करे?"

"लेकिन," बापू ने तर्क दिया, "क्या थोड़ी जगह में रहना सीखना अच्छी बात नहीं है? आपको मालूम है कि मीराबहन एक कोठरी में रसोईघर के साथ ही, सोने, पढ़ने, उठने–बैठने आदि का कार्य करती है। तब हम क्या एक ही स्थान पर फलों को साफ करने, बैठने या खाने का काम नहीं कर सकते हैं?...और हमें गरीब लोगों से भी तो सीखना चाहिए। अफ्रीका में सादा जीवन व्यतीत करने के प्रयोग के बाद रसोई, खाना, उठना–बैठना, मुँह धोने की कुण्डी, बर्तन मलने का काम और सोना आदि एक ही कोठरी में होता था, लेकिन फिर भी सफाई की कोई समस्या नहीं थी।"

चूँकि गाँधीजी गम्भीर हो रहे थे, इसलिए वल्लभभाई भी गम्भीर हो

गए। वे प्रेमपूर्वक गाँधीजी के समक्ष अड़ जाते थे, और इस बार और तरीके से अड़ते हुए बोले:

"वैसे तो एक कोठरी में ही जिनका सारा घर होता है, उनका भी हाल ऐसा ही होता है, लेकिन जब यह काफी जगह है, तो क्यों न उसका सदुपयोग किया जाए?"

गाँधी जी चुप हो गए। सरदार पटेल जीवित हृदयी थे और गाँधीजी को उनका तर्क स्वीकारना ही पड़ा।

◆◆◆

1-वालजी गोविन्दजी देसाई

14

उपवास करूँगा तो मुझे मर जाने देंगे

यरवड़ा केन्द्रीय कारागार में बन्दी महात्मा गाँधी रेमजे मैक्डानाल्ड द्वारा साम्प्रदायिक आधार पर घोषित अवार्ड से बहुत दुखी थे। चार अगस्त, 1932 का दिन था, गाँधीजी एकमात्र विकल्प आमरण अनशन पर विचार कर रहे थे क्योंकि काँग्रेसी नेताओं की ओर से सामूहिक रूप में अवार्ड के विरोध की कोई आशा प्रतीत नहीं हो रही थी। गाँधीजी बोले:

"महादेवभाई मेरे मन में तो विचार यह आता है कि अगर ये लोग एकताबद्ध होकर कुछ करने का तय नहीं करते हैं तो मैं आने वाले मंगलवार के दिन से ही उपवास करने का नोटिस दे दूँ।"

वल्लभभाई पास में ही थे, लेकिन वे तो चुप रहे; गाँधीजी के सचिव महादेवभाई ने उनसे कहा कि सभी लोग एक स्थान पर इकट्ठा हों, वे

"सामूहिक रूप से किया गया कार्य श्रेष्ठ परिणामों वाला होता है और जनहितार्थ उठाया गया प्रत्येक कदम सन्तोष प्रदान करता है।"

सम्मेलन करें तथा साम्प्रदायिक अवार्ड के विरुद्ध कार्य किया जाए, इस हेतु उपवास किए जाने का सुअवसर तो है, परन्तु यह अवसर केवल प्रेरणा देने तक ही सीमित रहना चाहिए।

गाँधीजी ने कहा:

"हाँ, बात तो मेरे मन में भी आपके जैसी ही है, लेकिन जब तक सम्मेलन से कोई अच्छा परिणाम निकलकर सामने नहीं आए, तब तक उपवास जारी रखने की मेरी इच्छा है।"

"लेकिन इस तरह तो आपकी बात एक बन्दूक के समान ही हुई", महादेवभाई ने कहा।

"हाँ, यही समझो", बापू ने उत्तर दिया।

इस पर दोनों के बीच तर्क-वितर्क का क्रम प्रारम्भ हो गया और महादेवभाई ने कुछ गम्भीर मुद्रा में कहा, "आपकी यह बात मेरे गले नहीं उतरती है। पहली बात ठीक लगती है। उसके विरुद्ध तो कोई जबान भी नहीं खोल पाएगा। परन्तु उसमें परिणाम पैदा करने पर जोर नहीं है, अपितु वह केवल आत्म-शुद्धि तथा शुभेच्छा का ही चिह्न है।

"यह ठीक है, लेकिन यह सब कुछ गुप्त तरीके से ही किया जाना चाहिए। सरकार को सूचना दें, और वह सब कुछ सार्वजनिक करने की मेहरबानी करे या न भी करे, और तब तक सम्मेलन ही समाप्त हो जाए तो?" गाँधीजी ने अपना पक्ष रखते हुए कहा।

इस पर महादेवभाई ने गाँधीजी को किसी तरह की चिन्ता न करने की बात कही, तो वे पुन: बोले:

"लेकिन इस पर एक आपत्ति है। सरकार इस विचार की हो सकती है कि इसे किसी-न-किसी रूप में तो सार्वजनिक करना ही है।"

महादेवभाई ने इस तर्क की वास्तविकता को स्वीकार किया और वे चुप हो गए। अब महात्मा गाँधी ने वल्लभभाई से पूछा, "आप क्या कहते हैं?"

वल्लभभाई ने मुँह तिरछा किया। वातावरण को मोड़ देते हुए, कुछ चिढ़े से स्वभाव में वे बोले:

"...बापू! आप लोगों को थोड़ा आराम से रहने देने की कृपा करें। बेचारे सम्मेलन के लिए इकट्ठे होंगे, तो उन्हें जैसा सूझेगा, वे वैसा ही करेंगे। आप इस तरह से बन्दूक दिखाकर लोगों को घबराहट में क्यों डालते हैं? दूसरों को यही लगेगा कि यह आदमी (महात्मा गाँधी) तो निठल्ला है। बात-बात में उपवास करता है। वे यह भी सोच सकते हैं कि यह आदमी कारागार से मुक्ति के लिए बहाना ढूँढ रहा है।"

गाँधीजी हँसे और बोले, "ठीक है, लेकिन जिस प्रकार के उपवास की बात महादेवभाई कह रहे हैं, उसके बारे में आपका क्या कहना है?"

"उपवास किसी भी तरह का हो, आप उसकी बात ही न करें", वल्लभभाई ने उनसे कहा।

अब वल्लभभाई और गाँधीजी के बीच बहस का सिलसिला चल निकला। गाँधीजी बोले:

"तो अध्यक्ष महोदय' की अस्वीकृति ही है न ?"

"जी हाँ," वल्लभभाई ने उत्तर दिया।

"ठीक है," गाँधीजी ने कहना प्रारम्भ किया, "इस बात को यहीं

समाप्त कर देते हैं। आप (सरदार) जिस बात से मना कर दें, वह फिर कैसे संभव हो सकती है?"

"लेकिन हम क्या आपको जानते नहीं है बापू! यह सब कुछ जो आपने पूछा है, वह हमारी परीक्षा लेने हेतु ही तो है, अन्यथा आप तो ऐसे हैं कि हम 'हाँ' कहेंगे तो आप 'ना' कहेंगे, हम यदि 'ना' कहेंगे तो आप 'हाँ' कह देंगे," वल्लभभाई ने कहा।

"वाह! यह खूब रही। अरे! मुझे फिर तो अवश्य ही उपवास करना चाहिए। क्यों वल्लभभाई?"

वल्लभभाई जोर से ठहाका मारकर हँसे और बोले:

"बापू उपवास करना है तो अवश्य कीजिएगा, लेकिन किसके विरुद्ध? यह उपवास उन समस्त लोगों के विरुद्ध किया जाना चाहिए जो (पुनः) गोलमेज सम्मेलन में[2] जाने को आतुर हैं।"

"लेकिन इस तरह का उपवास आपको भी करना चाहिए। जाइए, मैं आपको ऐसा करने की आज्ञा देता हूँ।" गाँधीजी ने वल्लभभाई से कहा।

इस पर वल्लभभाई ने उत्तर दिया:

"आपका कहना ठीक है। परन्तु मैं ऐसा किस लिए करूँ? मैं करूँगा तो ये मुझे मर जाने देंगे। ये सब आपके तो मित्र हैं। इसलिए संभव है कि आपके बारे में तो ये लोग मान जाएँ, लेकिन मेरा क्या होगा? मर जाने वाले वापस आते नहीं है...। इसलिए मैं नहीं...।"

वल्लभभाई इतना कहकर चुप हुए परन्तु तुरन्त ही फिर से कहने लगे, '"अच्छा छोड़िए यह बात! दूसरी बात सुनिएगा। मुझे यह लगता है कि भारत के सारे लोग बर्फ के समान ठंडे होकर बैठ गए हैं। इसलिए क्यों न हम तीनों (गाँधीजी, महादेवभाई तथा वल्लभभाई स्वयं) मिलकर लोगों को गर्म करने के लिए उपवास करें?"

"आपकी बात सोलह आने सत्य है", बापू ने कहा, "लेकिन इसका समय अभी नहीं आया है। हाँ, आ जरूर सकता है। फिर भी आज तो ऐसा मुझे प्रतीत नहीं होता है।" गाँधीजी बोले।

वल्लभभाई ने प्रसंग का अन्त करते हुए कहा, "लेकिन आप आज्ञा प्रदान करें, तो मैं आज ही ऐसा करने को तैयार हूँ।"

1–वल्लभभाई उन दिनों भारतीय राष्ट्रीय काँग्रेस के अध्यक्ष थे।

2–अंग्रेजों द्वारा बुलाए गए तृतीय गोलमेज सम्मेलन।

15

कह दीजिएगा विष खा ले

कारागार में गाँधीजी और वल्लभभाई की जो दिनचर्या होती थी, वह किसी से छुपी नहीं रहती थी। फिर साथ में गाँधीजी के प्रिय निजी सचिव महादेव देसाई और वल्लभभाई के रहने से हँसते हुए, दुख-सुख को बाँटते

हुए, समाज और देश की समस्याओं पर विचार करते हुए सरलता से दिन व्यतीत हो जाता था। बापू का कार्य विशेष रूप से आसान हो जाता था।

वैसे वल्लभभाई जहाँ उपस्थित होते थे, वहाँ का वातावरण दूसरा ही होता था। वे किसी भी तरह के माहौल को बदल देने में सक्षम थे। यहाँ मैं तीन प्रसंग दे रहा हूँ। तीनों ही 24 नवम्बर, 1932 के हैं।

"पर्याप्त विचार करने के बाद ही कार्य में संलग्नता हो, तो उसमें हानि की कम संभावना रहती है। बिना विचारे कदम उठाने में भारी जोखिम होता है और दुष्परिणामों की सदा संभावना रहती है।"

गाँधीजी के सामने पत्रों का ढेर लगा है। रात्रि होने को है। गाँधीजी चाहते हैं कि रात्रि में सोने से पूर्व वे सभी पत्रों के उत्तर अवश्य ही लिख डालें। स्वयं वल्लभभाई एक मंत्री के रूप में बापू का डाक-सम्बन्धी कार्य निपटवाने में जुट जाते हैं। वे अपनी इच्छा से ही इस कार्य में लगे हैं। उन्हें एक काम मिल गया है।

वल्लभभाई बीच-बीच में टोका-टाकी करते हैं। कभी-कभी हँसी के फव्वारें फूटते हैं। बापू खुलकर हँसते हैं। चूँकि पत्रों में अनेक समस्यएँ होती हैं; लोग गाँधीजी से समस्याओं के समाधान पूछते हैं, इसलिए वे वल्लभभाई से भी पूछते रहते हैं। एक पत्र में लिखा है, "मेरी स्त्री कुरूप है। इसलिए वह मुझे पसन्द नहीं है। मैं क्या करूँ?"

बापू पत्र पढ़ते हैं और वल्लभभाई की ओर देखते हैं, ताकि वे कोई उत्तर सुझाएँ। वल्लभभाई बोलते हैं:

"बापू इसे लिखिएगा कि अपनी आँखे फोड़ ले, और फिर उस स्त्री के साथ में रहे। इससे इसे कुछ दिखायी नहीं देगा।"

बापू हँसते हैं। दूसरा पत्र पढ़ते हैं। पत्र में लिखने वाले को प्रस्ताव मिला है कि वह एक शादी और कर ले। प्रस्तावक स्वयं बापू को पत्र लिखने वाले का श्वसुर है और अपने दामाद को दोबारा शादी का प्रस्ताव उसने इसलिए भेजा है क्योंकि उसकी तीन और लड़कियाँ अभी

अविवाहित हैं। उनके लिए उसे वर नहीं मिल पा रहे हैं, क्योंकि उसकी जाति में लड़कों की कमी है। इसलिए उसने लिखा है कि वह एक शादी और करके उस पर उपकार करे। प्रस्ताव से गाँधीजी को लिखने वाला वह व्यक्ति प्रसन्न है और वह बापू से अपनी खुशी प्रकट करता है।

बापू पुनः वल्लभभाई की ओर निहारने लग जाते हैं। उनसे उत्तर की खोज की आशा करते हैं। वल्लभभाई वाक्पटु थे ही। उनकी तुरन्त ही जिह्वा खुल जाती है। वे गाँधीजी को कहते हैं:

"बापू इसे लिखिएगा कि शेष तीनों ही लड़कियों से विवाह कर ले। इसमें कुछ भी बुरा नहीं है। उपकार करना है, तो पूरा ही करना चाहिए।"

एक और पत्र आया है। इसमें लिखने वाले ने स्वयं महात्मा गाँधी की कटु आलोचना की है। यही नहीं, पत्र के अन्त में उसने लिखा है, "आपके युग में जीने का दुर्भाग्य मिला...।"

"मैंने पत्र पढ़ लिया है। वल्लभभाई आपने भी इसे देख लिया है। इसे क्या उत्तर देना है?" गाँधीजी ने पूछा।

वल्लभभाई ने कहा:

"बापू! इसे लिखिएगा कि विष खाकर अपने जीवन का अन्त कर डाले।"

"नहीं-नहीं, ऐसा नहीं। मैं उसे क्यों न लिख दूँ कि भाई मुझे विष दे दो?" गाँधीजी ने पूछा।

इस पर वल्लभभाई ने कहा:

"बापू! यदि आप चाहें तो ऐसा भी लिख सकते हैं। लेकिन आपके सुझाव के अनुसार ही यदि वह कदम उठाता है तो तब भी उसके दिन तो फिरने से रहे।"

"क्यों?" गाँधीजी ने पूछा।

"मान लीजिएगा कि वह आपको विष दे देता है। आप चल बसते हैं। ऐसी स्थिति में उसे फाँसी से कोई बचा नहीं सकेगा। इसलिए आपके साथ-साथ वह भी गया। फिर उसका पुनर्जन्म भी आपके साथ ही लिखा जाएगा। आप दोबारा पैदा होंगे तो निश्चित ही है कि उसको भी आपके साथ जन्म लेना पड़ेगा। इससे अच्छा तो यही होगा कि वह स्वयं विषपान कर अपना जीवन समाप्त कर ले और सदा-सदा के लिए आपके साथ पैदा होने के चक्कर से छुटकारा पा ले।"

बापू की हँसी का ठिकाना न रहा। वे हँसते-हँसते निद्रा में आ गए।

◆◆◆

16

सत्याग्रह करने की शक्ति

वल्लभभाई पटेल सदैव न्याय और प्रजातांत्रिक मूल्यों की सीमा के साथ बँधे रहे थे। ऐतिहासिक सत्यताएँ इन मूल्यों के प्रति उनकी प्रतिबद्धता की साक्षी रही हैं।

जिन तीन देशी–राज्यों के भारतीय संघ में विलय के लिए वल्लभभाई को गम्भीर स्थिति का सामना करना पड़ा था, उनमें से एक जूनागढ़ रियासत

थी। जूनागढ़ की समस्या के समाधानार्थ उन्होंने जनशक्ति प्रयोग या दूसरे शब्दों में सत्याग्रह का मार्ग, प्रत्यक्ष अथवा परोक्ष रूप में, अपनाया था।

वल्लभभाई पटेल जन्मजात सत्याग्रही थे। न्याय के लिए सत्याग्रह या संघर्ष उनकी प्रकृति में था। बाल्यकाल, यौवनकाल और जीवन के अन्तिम पड़ाव तक में संघर्ष की उनकी प्रकृति हमारे सामने आती है। इतना होते हुए भी उनकी दिशा गाँधीवादी सिद्धान्त में थी। गाँधीजी उनके नेता थे।

प्रसंग उस समय का है जब वल्लभभाई देशी–राज्यों के विलीनीकरण की समस्या से जूझ रहे थे। दक्षिण भारत के उन 18 राज्यों, जिनकी जनसंख्या कन्नड़भाषी थी, लेकिन उनके शासक मराठी थे, का मामला पेंचीदा था। इनके शासक अपने–अपने राज्यों को 'दक्षिणी राज्य–संघ', जिस पर मराठियों का वर्चस्व था, के अधीन करना चाहते थे। उनकी इच्छा पूरी होती दिखायी भी देती थी। लेकिन राज्यों की प्रजा ऐसा नहीं चाहती थी। वह शासकों के कदम का विरोध कर रही थी। विशेष बात यह थी कि काँग्रेस के तीन प्रमुख नेता, बी॰ पट्टाभि सीतारमैया, आर॰ आर॰ दिवाकर और शंकरराव देव भी, मराठा शासकों के दबाव में आ गए। जनता की स्थिति निरीह बनी थी।

लेकिन विलीनीकरण प्रक्रिया के नायक तो सरदार पटेल ही थे। उन्हीं के पास अन्तिम शक्ति थी। उनका निर्णय सर्वमान्य रहता था। इस वास्तविकता को समझने वाले अखिल भारतीय काँग्रेस समिति के एक सदस्य, जो सौभाग्य से अभी भी जीवित हैं, वल्लभभाई के पास दिल्ली पहुँचे और उनसे जनभावना के आदर के लिए प्रार्थना की।

उन दिनों वल्लभभाई भारत की एकता के निर्माण लिए अथक परिश्रम कर रहे थे। वे इस हेतु कटिबद्ध थे। लेकिन इस प्रक्रिया के चलते भी देशी–राज्य का कोई शासक प्रजा के साथ अन्याय न करे, इस बात के प्रति भी वे प्रतिबद्ध थे। वल्लभभाई ने 18 राज्यों की भौगोलिक स्थिति को

समझा। साथ ही जन-भावना का भली-भाँति उन्होंने जायजा लिया। तदोपरान्त उन्होंने इस पहलू पर पूरा-पूरा विचार किया कि यदि यह स्थिति अव्यावहारिक है, तो क्या ऐसे विलीनीकरण से प्रतिक्रियावादियों को बल तो नहीं मिलेगा?

वल्लभभाई ने भारत की एकता का निर्माण करते समय भारतीय संघ में देशी-राज्यों के विलय हेतु जो मानदण्ड तय किए थे, उनके अनुरूप ही उनका यह प्रयास रहा था कि देश में प्रान्तों के अधिक टुकड़े न हों। कम-से-कम प्रान्त बनें। साथ ही अराजकता, प्रतिक्रियावाद, भाषावाद या पृथकतावाद के नाम पर कोई सिर न उठाए।

"यह स्मरण रखिए कि जो सत्य के लिए मर-मिटने को तैयार हैं, अन्त में उन्हीं की विजय होगी; जिनका मार्ग असत्यमय है, वे किसी स्थायी विजय को कभी प्राप्त नहीं कर सकते।"

फिर भी उन्होंने गहराईपूर्वक सारी स्थिति का अवलोकन किया। उन्होंने कार्यकारिणी के उक्त सदस्य से एक प्रश्न किया। प्रश्न था:

"क्या आप इन राज्यों की जनता को न्याय दिलाने की खातिर एक सत्याग्रह करने की क्षमता रखते हैं?"

"जी हाँ सरदार साहेब। मैं न्याय की खातिर सत्याग्रह करने की स्थिति में हूँ।" सज्जन ने उत्तर दिया।

"ठीक है," वल्लभभाई बोले, "आप जाएँ और इस कार्य में आगे बढ़े।"

स्वयं सरदार वल्लभभाई पटेल ने न्याय के लिए जन-सत्याग्रह का सुझाव दिया। थी न अनोखी बात! सत्याग्रह के मार्ग से, जिसमें सच्चाई होती है, 18 राज्यों की जनता अन्याय से बच गयी। इस प्रकार उनमें मानवीय चिन्ता और जन-स्वाधीनता की रक्षा करने का अभ्यास था। वे महामानव थे, जन-नेता और जन-हितैषी थे।

मुझे स्वयं मेरे एक मराठी मित्र ने, जो कि देश के सुलझे हुए नेता माने जाते हैं, कहा है, "सरदार पटेल ने साम, दाम, दण्ड, भेद की कौटिल्य-नीति का अनुसरण करके राज्यों का संघ में विलय किया। उन्होंने हर नीति अपनायी, चाहे कोई चाहे या न चाहे। अखण्डता की कीमत पर उन्होंने कुछ भी नहीं सोचा, न ही उन्हें कुछ सूझा।"

मैंने उक्त 18 राज्यों से जुड़ा घटनाक्रम उन्हें बताया और कहा "सरदार देश की अखण्डता के प्रतिपालक थे। लेकिन जनोपक्षा उनमें लेशमात्र भी नहीं थी।" वह मानव तो आजीवन सत्याग्रही रहा और सच्च सत्याग्रही कभी किसी का बुरा सोच ही नहीं सकता है।

◆◆◆

17

मुम्बई से वापसी पर सहायता

सार्वजनिक धन का सदुपयोग हो, वल्लभभाई आजीवन इस बात के लिए कटिबद्ध रहे थे। उनके पूरे जीवनकाल में एक भी उदाहरण ऐसा नहीं मिलेगा, जहाँ उन पर धन के निजी, परिवार या मित्र के लिए दुरुपयोग किए जाने का आक्षेप लगा हो।

यही नहीं, उनके पास अपना जो कुछ थोड़ा-बहुत पैतृक था भी, उसे उन्होंने सार्वजिनिक कार्यों के लिए अर्पित कर दिया था। उन्होंने अपने

एकमात्र पुत्र डह्याभाई पटेल को कुछ नहीं दिया था। अपने बड़े भाई स्व० विट्ठलभाई पटेल की वसीयत पर उन्होंने मुकदमा लड़ा था। वे मुकदमा जीते थे। जो धनराशि जीतने पर उन्हें प्राप्त हुई थी, उसे भी उस महावीर ने जनकल्याणार्थ दे दिया था। शायद इस वास्तविकता से कम ही लोग परिचित हैं।

लेकिन लौह-पुरुष के रूप में स्वीकारे जाने वाले और सदैव दृढ़ रहने वाले महामानव वल्लभभाई की प्रकृति दूसरों की सेवा में कितनी मृदु थी, भले ही सहायता आर्थिक ही क्यों न हो, इस वास्तविकता को भी लोग कम ही जानते हैं।

यदि कोई नेता या व्यक्ति, जो देश के लिए अपना सर्वस्व न्यौछावर कर चुका हो, तो उसके वीरतामय कृत्य और बलिदानी भावना को जानकर लौह-पुरुष रो भी पड़ते थे; वे वात्सल्यता और वीरता के क्षणों में खो जाते थे, यह बहुत ही कम लोगों को ज्ञात है।

"हमें ऐसा श्रेष्ठ वातावरण बनाना चाहिए जिसमें दूसरों का भला हो और स्वयं अपने को सन्तोष मिले।"

यह सत्यकथा लौह-पुरुष के मानवीय पक्ष से है। केरल में स्वाधीनता आन्दोलन के साथ ही वहाँ उत्तरदायी व लोकतंत्रात्मक शासन की स्थापना के लिए निरन्तर संघर्ष करते समय एक धनवान व्यवसायी ने अपना सर्वस्व बलिदान कर दिया। अन्ततः वह कंगाल हो गया।

जर्जर आर्थिक परिस्थितियों में वह अपने परिवार का पालन-पोषण करने में समर्थ भी नहीं रहा। इस व्यवसायी के एक मित्र दक्षिणी भारत के प्रसिद्ध काँग्रेसी नेता थे और वे नेता सरदार वल्लभभाई पटेल के विश्वसनीय तथा निकटतम मित्रों में से थे।

कंगाल व्यवसायी मित्र काँग्रेसी नेता के साथ दिल्ली पहुँचे और समय लेकर सरदार वल्लभभाई पटेल से मिले। नेताजी ने व्यवसायी का परिचय

सरादार से कराया और उनकी बीती ज़िन्दगी का वह हाल सुनाना प्रारम्भ किया, जिसमें वे बहुत ही खुशहाल थे, लेकिन जन-सेवा, राष्ट्र-सेवा तथा समाज-सेवा की खातिर वे सब कुछ लुटाकर कंगाली की स्थिति में आ गए।

वल्लभभाई पटेल सुनते जा रहे थे। मित्र बोलते जा रहे थे। वे कह रहे थे, "गरीबी की उस बदतर स्थिति में वे पहुँच गए हैं, जहाँ से परिवार को दो जून रोटी मिलना भी कठिन हो गया है। जीवन पूर्णत: कठिनाइयों से घिरा है और वह अंधकारमय है।"

सुनते-सुनते वल्लभभाई पटेल का चेहरा लाल सुर्ख हो गया। उनके मुँह पर झुर्रियाँ पड़ गयी। माथा ठनका। चेहरा उदास हो गया। देखते-ही-देखते उनकी आँखों से टपाटप आँसू गिरने लगे। यह था मानवीय स्वरूप उस व्यक्ति का जो दृढ़ इच्छावान था और जिसे आज तक भी लौह-पुरुष के रूप में जाना जाता है।

कठिनाईपूर्वक वल्लभभाई अपने को सँभाल सके और बोले:

"इनके लिए मैं क्या करूँ? आप मुझसे क्या अपेक्षा करते हैं?"

दक्षिणी भारतीय मित्र ने वल्लभभाई से कहा:

"इस मित्र की तत्काल एक लाख रुपये के प्रबन्ध के साथ सहायता की जानी चाहिए। इससे यह अपने पुराने व्यवसाय को फिर से सुचारु रूप से कर सकेंगे तथा अपने पैरों पर खड़े हो सकेंगे।"

सरदार वल्लभभाई पटेल क्षण भर के लिए तो चुप हो गए परन्तु उपरान्त वे बोले:

"व्यवसायी मित्र को दिल्ली में ही रोके रखना। मैं चिकित्सा के लिए आज ही मुम्बई रवाना हो रहा हूँ। दो-तीन दिन के बाद लौटूँगा तथा लौटते ही तुरन्त यह सहायता कराऊँगा, निश्चिंत रहें।"

उक्त प्रसंग दिसम्बर 1950 के दूसरे सप्ताह का है। वल्लभभाई मुम्बई से कभी भी वापस नहीं लौटे सके। ईश्वर ने 15 दिसम्बर, 1950 को उन्हें सदा के लिए उठा लिया। ऊपर से कठोर दिखने वाले वल्लभभाई भीतर से इतने दयालु थे, इतने मानवीय थे, उदार थे और सहायता करने वाले थे, शायद सहज ही कोई इस बात पर विश्वास न करे, लेकिन सत्यता यही थी उनके बारे में।

◆◆◆

18

मामलों की वापसी

जैसा कि पूर्व प्रसंग में वल्लभभाई पटेल के उदार हृदय और सार्वजनिक जीवन की स्वच्छता के सम्बन्ध में उल्लेख किया गया है, उसी प्रकार मिलता-जुलता, लेकिन प्रकृति में थोड़ा भिन्न यह अगला उल्लेख है। उल्लेख में दो ऐतिहासिक विवरण हैं।

प्रथम: राजस्थान के पहले मुख्यमंत्री श्री जयनारायण व्यास पर सार्वजनिक धन के दुरुपयोग का आरोप लगा था। सरदार पटेल ने उनकी खिंचाई की, हालाँकि उन पर बहुत छोटी-सी धनराशि के दुरुपयोग का आरोप था। दूसरे आरोप लगाने वाले उनके वे राजनीतिक प्रतिद्वन्द्वी थे, जो उनसे ईर्ष्या रखते थे।

वल्लभभाई ने फिर भी मामले की जाँच प्रारम्भ करायी। जाँच का कार्य उन्होंने अपने एक अति विश्वसनीय और घनिष्ठ मित्र को सौंपा था। जो आख्या आयी उसमें लिखा था:

"मुख्यमंत्री जैसे जिम्मेदारी के पद पर रहते हुए कोई भी इतनी छोटी धनराशि का दुरुपयोग नहीं करेगा। कोई छोटे-से भत्ते के लिए इस तरह बेइमानी पर नहीं उतरेगा।"

वास्तव में श्री जयनारायण व्यास पर धन के दुरुपयोग की बात उनके द्वारा बढ़ाकर भत्ता लिए जाने को लेकर थी। आरोप लगाया गया कि उन्होंने

> **"गलती का जब भी अहसास हो जाए, उसे सुधारने में देरी नहीं करनी चाहिए। मनुष्य त्रुटियाँ करता ही रहता है, इसलिए उनके सुधार में सदैव तत्पर रहना चाहिए। ऐसा करने से कोई छोटा नहीं हो जाता है।"**

वास्तविकता से अधिक दर पर बिल जमा करके भत्ता लिया तथा इस प्रकार धन का दुरुपयोग किया।

सरदार वल्लभभाई पटेल ने जब आख्या देखी तो उन्होंने पाया कि इस तरह से छोटी-सी धनराशि के दुरुपयोग का आरोप सिवाए राजनीतिक उद्देश्यों की पूर्ति के अतिरिक्त कुछ और हो ही नहीं सकता है। उन्होंने तत्काल घोषणा कर दी:

"मैं मामला वापस लेता हूँ। श्री जयनारायण व्यास पूर्णतः दोषमुक्त हैं।"

वर्तमान राजनीतिक वातावरण में कितने राजनेता सरदार पटेल जैसे होंगे, जो दोषी की सार्वजनिक जाँच कराएँ और दोष सिद्ध न होने की स्थिति में खुली घोषणा करें, 'मैं मामले वापस लेता हूँ...।' यह वास्तव में ही विचारणीय विषय है, तथा साथ ही प्रेरणा योग्य भी है।

द्वितीयः हैदराबाद राज्य काँग्रेस कमेटी के तत्कालीन अध्यक्ष स्वामी रामानन्द तीर्थ से जुडा प्रसंग है। स्वामी रामानन्द तीर्थ वे वीर पुरुष थे जिन्होंने दृढ़तापूर्वक हैदराबाद की निजामशाही, उनकी क्रूर तानाशाही और जनविरोधी सत्ता के विरुद्ध संघर्ष किया था। स्वाधीनता आन्दोलन के दौरान उन्होंने लौहा लिया था।

उन्हीं दिनों की बात है। 'उमरी बैंक' में सतरह लाख रुपये के गबन के मामले में स्वामी रामानन्द तीर्थ का नाम उछला और मामला सरदार तक पहुँचा।

वास्तविकता यह थी कि जब स्वयं सरदार वल्लभभाई पटेल ने हैदराबाद में कार्यवाही करायी थी, उन दिनों कई अप्रत्याशित घटनाएँ सामने आयीं। वल्लभभाई का विचार था कि चूँकि पूर्वकाल में स्वामी रामानन्द तीर्थ का सम्बन्ध उग्र साम्यवादियों के साथ रहा था, इसलिए संभव है कि उन्होंने या उनके शिष्यों ने मिलकर 'उमरी बैंक' को लूटा हो, या वहाँ कोई घोटाला किया हो।

लेकिन यह सरदार की एक धारणा ही थी। इस बारे में कोई पक्का विश्वास नहीं था। वल्लभभाई पटेल के कई मित्रों ने उन्हें यह विश्वास दिलाया कि उनका स्वामी रामानन्द तीर्थ के प्रति मात्र सन्देह ही है। उनके मामले में कोई सत्यता नहीं है। लेकिन सरदार वल्लभभाई पटेल, जैसा कि सर्वविदित है, कोई भी निर्णय पूरी तरह जाँच के बाद ही लिया करते थे।

इसलिए उन्होंने 'उमरी बैंक' से सम्बन्धित घटनाक्रम का पूरा विवरण माँगा; शिकायतकर्ताओं से पूरे-पूरे साक्ष्य प्रस्तुत करने को भी कहा, ताकि किसी परिणाम पर पहुँचा जा सके।

जाँच का विवरण सामने आया। उससे इस बात का पूर्णतः खुलासा हो सका कि हैदराबाद में कार्यवाही के दौरान, इस उद्देश्य से कि कोई बैंक से धन को लूट न ले, स्वामी रामानन्द तीर्थ ने धनराशि को सुरक्षित रखाया था और बाद में उस धनराशि में से तीन लाख रुपये, एक-एक पैसे के हिसाब के साथ, राष्ट्रहित के कार्यों में लगे एक छापेखाने में लगाए थे।

सरदार वल्लभभाई पटेल जाँच की आख्या से पूर्णतः सहमत हुए। उनको विश्वास हो गया कि स्वामी रामानन्द तीर्थ एक ईमानदार आदमी हैं। परिमाणस्वरूप जीवनभर उन्होंने स्वामी तीर्थ के प्रति विश्वास रखा। यही नहीं, उन्हें प्रजातांत्रिक मूल्यों में विश्वासकर्ता, सच्चा और समर्पित काँग्रेसी माना। साथ ही अपनी पूर्व की धारणा के लिए वल्लभभाई ने तीर्थ से खेद व्यक्त किया। ऐसा व्यवहार था उनका।

◆◆◆

19

बक्सा काँग्रेस की धरोहर

ईमानदार होना बहुत ही अच्छी और बड़ी बात है। इस सच्चाई से कोई इनकार भी नहीं कर सकता है। फिर आज के दिनों में, कम-से-कम राजनीतिक क्षेत्र में काम करने वाले लोग, यदि सीमा से परे की ईमानदारी बरतें, तो यह असामान्य बात ही मानी जाएगी। यही नहीं, सीमा से परे की

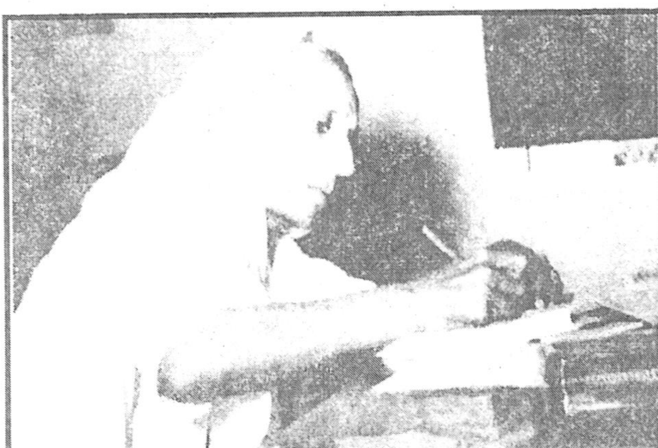

इस क्षेत्र में कोई पुरुष ईमानदारी का उदाहरण प्रस्तुत करे, तो वह महान पुरुष ही हो सकता है। सरदार पटेल इसी श्रेणी के महापुरुष थे।

वल्लभभाई पटेल जीवन भर काँग्रेस के कोषाध्यक्ष रहे थे। जमनालाल बजाज के निधनोपरान्त उन्होंने ही अपनी मृत्यु तक काँग्रेस दल के कोष की निगरानी की और उसका संचालन किया। इसलिए दल का कोष उनके पास पड़ा ही रहता था। परन्तु उनमें ईमानदारी इतनी थी कि एक उदाहरण, जो अत्यन्त ही प्रासंगिक भी है, यहाँ मैं अवश्य ही प्रस्तुत करना चाहूँगा। वे मंत्री के रूप में मिलने वाले अपने वेतन का एक बड़ा भाग सार्वजनिक कार्यों के लिए खर्च कर देते थे।

भारत के उप-प्रधानमंत्री पद पर आसीन होते हुए भी, चूँकि काँग्रेसी संगठन पर उनका बहुत प्रभाव था; उलझे हुए संगठनात्मक मामलों को वही सुलझाते थे, अतः इस सम्बन्ध में वे निरन्तर प्रदेश काँग्रेस समितियों के अध्यक्षों से टेलीफोन पर वार्ताएँ करते थे। दूसरे पदाधिकारियों से भी फोन पर वे विचार-विमर्श करते रहते थे। लेकिन टेलीफोन का जो बिल आता था, उसे वे अपनी जेब से देते थे। मंत्री के रूप में मिलने वाले वेतन का लगभग आधा भाग इसी में चला जाता था। ऐसे थे सरदार।

"व्यक्तियों के अच्छे जीवन से ही सामाजिक जीवन ऊँचा होता है और ईमानदारी से वह स्वच्छ बनता है।"

अब बात प्रमुख प्रसंग की। 15 दिसम्बर, 1950 को सरदार पटेल का देहान्त हो गया। तीन दिन पूर्व, अर्थात 12 दिसम्बर को उन्होंने दिल्ली से अन्तिम विदाई ली थी। यह सर्वविदित है, लौह-पुरुष का निधन मुम्बई में हुआ था। जिस समय सरदार पटेल दिल्ली से मुम्बई के लिए प्रस्थान करने की तैयारी में थे, उन्होंने अपनी सुपुत्री मणिबहन, जिन्होंने अविवाहित रहते हुए अपने पिता के साथ राष्ट्र-सेवा की, आजादी की लड़ाई में भाग लिया और राष्ट्र-निर्माण के समय सरदार का पूरा-पूरा साथ दिया, को कहा:

"मणि ! यह एक सन्दूक है। इसमें जो कुछ है, वह काँग्रेस का है। मैं जीवित न रहूँ तो तुम इसे जवाहरलाल को सौंप आना।"

वल्लभभाई चल बसे। कुछ ही दिनों के बाद होश सँभालने पर मणिबहन पण्डित नहेरू के पास पहुँची और उनसे बोली:

"बापू (सरदारश्री) ने अपने निधन से तीन दिन पूर्व मुझे कहा था कि यह 'बक्सा' मेरे बाद आपको (जवाहरलालजी को) दे आना। यह काँग्रेस का है। इसलिए उन्हें सौंप देना। मैं बक्से को बिना देखे ही आपको सौंपने आयी हूँ।"

मणिबहन की उपस्थिति में वहीं बक्से को खोला गया। उसमें, कहते हैं, कम-से-कम 28 लाख रुपये नकद तो थे ही। उसी धनराशि से भारतीय राष्ट्रीय काँग्रेस ने वर्ष 1952 का लोकसभा का प्रथम आम चुनाव लड़ा था।

यह था चरित्र और ईमानदारी वल्लभभाई पटेल की और साथ ही उनकी सुपुत्री मणिबहन की।

कुछ का मानना यह है कि सरदार वल्लभभाई पटेल साम्यवादियों और समाजवादियों के विरोधी थे। वे निजी पूँजी के हिमायती थे और उद्योगपतियों के मित्र थे। परन्तु क्या इस प्रकार के सत्याचरण वाले महामानव और ईमानदारी की मिसाल प्रस्तुतकर्ता पुरुष में कोई विरोधी-भावना मौजूद हो सकती थी?

सरदार वल्लभभाई पटेल महात्मा गाँधी के सच्चे अनुयायी थे। कौन नहीं जानता कि गाँधीजी सिद्धान्त और व्यवहार में अपरिग्रह को बहुत ही ऊँचा स्थान देते थे। उनके श्रेष्ठतम अनुयायी थे वल्लभभाई, जो स्वयं अपरिग्रही होने का दावा नहीं करते थे। वे अपरिग्रह को व्यवहार में उताकर दिखाते थे। शायद सरदार वल्लभभाई पटेल का सम्पूर्ण जीवन सार्वजनिक ईमानदारी की मिसाल था। वे सीमा से परे भी ईमानदार थे, और इस रूप में आज तक भी वे अनुकरणीय उदाहरण हैं।

◆◆◆

1 -वल्लभभाई को शायद जीवन के अन्तिम समय का पूरा अहसास हो चुका था।

20

ईश्वरीय प्रार्थना को छोड़ने का प्रश्न नहीं

"तेरा कर्म करने में ही अधिकार है, फल की अच्छा में नहीं है।" दूसरे शब्दों में, अपने निर्धारित कार्यों को मनुष्य अपना अधिकार मानते हुए करे; और इसके उपरान्त फलेच्छा त्यागकर वह ईश्वराधीन हो जाए। भगवान श्री कृष्ण ने यही सन्देश श्रीमद्‌भग्वदगीता के माध्यम से मानव विश्व के समक्ष रखा था।

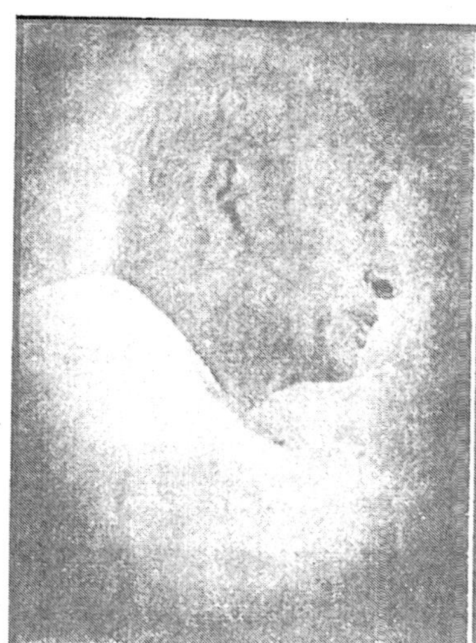

जो लोग सरदार वल्लभभाई पटेल के जीवन से पूर्णतः परिचित नहीं हैं, वे ऐसा सोच सकते हैं कि शायद वे ईश्वर की सत्ता में विश्वास नहीं रखते हों। उनका स्वभाव दृढ़ था। वे रूखे प्रतीत होते थे। इसलिए स्वाभाविक है कि उन्हें न समझ पाने वालों को उनके कर्मशील और आस्तिक पक्ष का ज्ञान न हो।

बारडोली का जगत्-प्रसिद्ध आन्दोलन प्रारम्भ हो, उससे पूर्व ही वल्लभभाई ने इमाम साहेब से कहा:

"कुरआन शरीफ की पवित्र आयत पढ़ने के बाद ही हम आगे बढ़ेंगे।"

कुरआन पढ़ी गयी। उसके बाद सभी ने मिलकर रामधुन गायी थी।

"अपनी सामर्थ्य के अनुसार जितना भी हो सके उतना देश और समाज के लिए करते रहना चाहिए और शेष सब कुछ ईश्वर पर छोड़ देना चाहिए। ईश्वर पर पूर्ण विश्वास रखना चाहिए तथा उससे डरकर ही अपने कार्य में जुटना चाहिए।"

एक अन्य उदाहरण:

देश का एकीकरण करते हुए सरदार पटेल एकता और अखण्डता को प्रमुखता दे रहे थे। ईश्वर को साक्षी मानते थे। उससे डरते थे। इसीलिए उनके ये वचन होते थे:

"संसार में कोई भी अमर होकर नहीं आया है। जाना तो एक दिन सभी को है। अपने हिस्से का निर्धारित कर्म भी सभी को करना होता है। रही बात मेरी। मुझे ईश्वर ने जहाँ रखा है, मैं वहीं ही हूँ। मुझे कभी भी अपनी स्थिति का बोध नहीं होता है। ईश्वर जब तक चाहेंगे, मैं अपना कार्य करता रहूँगा। जब वे समझेंगे कि मेरा कार्य समाप्त हो गया है, वे मुझे उठा लेंगे। फिर क्षणभर के लिए भी मैं जीवित नहीं रह सकूँगा। आखिरकार तो सब कुछ उन्हीं के हाथ में है।"

सरदार पटेल ऊपर से जितने दृढ़ दीख पड़ते थे, वे भीतर से उतने ही विनम्र थे; वे आस्तिक थे। भले ही लोगों को वे कठोर जान पड़ते हों, लेकिन भीतर से कितने कोमल थे, उसका अनुमान ईश्वरीय सत्ता में उनके विश्वास से लगाया जा सकता था।

वे श्रीमद्भग्वदगीता के सिद्धान्तानुसार जीवन जीने वाले व्यावहारिक

कर्मयोगी थे। वे, न्यूनाधिक, स्थितप्रज्ञ थे। गीता के प्रत्येक श्लोक के वे ज्ञाता नहीं थे, लेकिन गीता के अर्थ व सन्देश को समझते हुए, उसके बताए मार्ग का वे अनुसरण करने वाले अवश्य ही थे। अपने सम्पूर्ण सार्वजनिक जीवन में वल्लभभाई ने महात्मा गाँधी के सच्चे अनुयायी के रूप में ही कार्य किया; और जैसा कि हम सभी जानते हैं, बापू का हर दिन भगवान के नाम के स्मरण से ही प्रारम्भ होता था।

यही नहीं, सरदारश्री के धार्मिक विचार भी पूर्णत: गाँधीजी के समान ही थे। इसी कारण वल्लभभाई ने यह उदाहरण प्रस्तुत किया था कि "किसी धर्मनिष्ठ व्यक्ति में कोई भी व्यसन नहीं होना चाहिए।"

उन्होंने स्वयं सिगरेट की लत छोड़ी थी। स्वास्थ्य की दृष्टि से और आध्यात्मिक उन्नति के लिए खान-पान में कठोर संयम तथा अनुशासन को उन्होंने बरता था। यह छोटी बात नहीं थी।

यरवड़ा केन्द्रीय कारागार में वर्ष 1933 तक वे जितना समय भी रहे, जैसा कि उनके साथीजन बताते हैं, वे कहा करते थे:

"मैं अब कभी भी ईश्वर की प्रार्थना को नहीं छोड़ सकता हूँ। उनके स्मरण से मैं क्षणभर भी विमुख नहीं रह सकता हूँ।"

यही वास्तविकता भी है। वे हर सवेरे, कभी-कभी तो महात्मा गाँधी से भी पहले, प्रार्थना-स्थल पर उपस्थित मिलते थे।

श्री छगनलाल नथुभाई जोशी, जो यरवड़ा कारागार में सरदार वल्लभभाई पटेल की दिनचर्या के साक्षी रहे हैं, कहते हैं:

"वे प्रात:कालीन प्रार्थना में तन्मयता के साथ भाग लेते थे। श्रीमद्भग्वदगीता को समझने के लिए वे किसी बुद्धिमान विद्यार्थी की भाँति संस्कृत भाषा पर अधिकार पाने में आगे बढ़े हुए थे। गीता के श्लोक उन्हें कठस्थ हो गए थे। ईश्वर से डरे इस मानव का जीवन ईश्वरीय आत्मसातकर्ता बन गया था।" यही वास्तविकता है, और यही सत्यता भी है।

◆◆◆

21

गौवध बन्द करने की बात से पूर्व उसका पालन

वल्लभभाई पटेल सनातन वैदिक धर्म–सम्प्रदाय के अनुयायी थे। वे हिन्दू थे। हिन्दू–दर्शन की सहिष्णुता को उसी रूप में स्वीकार कर चुके थे, जिस प्रकार से महात्मा गाँधी। हिन्दू–दर्शन सत्य, अहिंसा और समन्वय का धनी है। ये गुण सरदार पटेल में भी कूट–कूट कर भरे हुए थे। उनके सम्बन्ध में यदि इसके विपरीत कुछ कहा जाता है, तो उसमें सत्यता नहीं हो सकती है।

हिन्दु–मुस्लिम एकता, वल्लभभाई की समन्वय सम्बन्धी नीति का अच्छा उदाहरण था। इसी कारण वे एकता के नाम पर ढोंग करने वालों को

खुलेआम लताड़ते थे। फिर उनके निशाने पर कोई भी हो, हिन्दू या मुसलमान। उन्हें इसकी कोई चिन्ता भी नहीं थी। इसी सन्दर्भ में 6 जनवरी, 1948 को उनके लखनऊ में दिए गए भाषण से एक अच्छा उदाहरण लिया जा सकता है। उन्होंने कहा था:

"कुछ लोग इस समय गौरक्षा की बात करने लगे हैं। अभी तो बच्चों, स्त्रियों और बूढ़ों की रक्षा नहीं हो पा रही है, तो ऐसे में गौरक्षा की बात कहाँ पैदा होती है? फिर जिन देशों में गाय को मारने की मनाही नहीं है, वहाँ जैसी हष्ट-पुष्ट गाय पायी जाती हैं, वैसी हमारे यहाँ तो नहीं पायी जातीं। सचमुच गौरक्षा करनी हो तो पहले गाय को अच्छी तरह से पालना तो सीखिएगा। मुख्यत: उन लोगों को जो गौवध का विरोध करते हैं, उन्हें एक-एक गाय तो ठीक तरह से पालनी ही चाहिए।"

वल्लभभाई का दृष्टिकोण एकदम साफ था। गौवध बन्दी की आड़ में हिन्दू-सम्प्रदाय की भड़काने वाली भावना को एक सच्चे हिन्दू के रूप में वे पसन्द नहीं करते थे।

"मानव-सेवा सबसे बड़ी सेवा है; बिना भेदभाव के मनुष्य की सहायता का कोई विकल्प नहीं है। मानव की तुलना में पशु को प्राथमिकता देने वाले सही मार्ग का अनुसरण करने वाले नहीं हैं।"

इस अवसर पर राष्ट्रीय स्वयंसेवक संघ के प्रति वल्लभभाई के दृष्टिकोण की चर्चा करना भी अप्रासंगिक नहीं होगा। हालाँकि इस संगठन की देशभक्ति की बात को वे सराहते थे, लेकिन इसकी तंगदिली के बारे में वे साफ कहते थे। लाठी-डण्डा उठाकर चलना, ऐसा करके भय उत्पन्न करना, सरदार को राष्ट्रीय स्वयंसेवक संघ का यह कृत्य पसन्द नहीं था। इसे वे देश के हित में नहीं मानते थे। उन्होंने स्पष्टत: कहा:

"आर० एस० एस० वाले जिस तरह आजकल काम कर रहे हैं, उन्हें इस रास्ते से दूसरे ठीक रास्ते पर लाया जाए। डण्डे से कोई भी काम होने वाला

नहीं है। डण्डा तो चोर-डाकुओं के लिए है। इसलिए मैं राष्ट्रीय स्वयंसेवक संघ वालों से अनुरोध करता हूँ कि वे काँग्रेस में सम्मिलित हो जाएँ। मेरा उन्हें निमंत्रण है। मैं देश में अशान्ति उत्पन्न करके प्रशासन को कमजोर न करने का उनसे आग्रह करता हूँ। मैं यह कहता हूँ कि उन्हें संकीर्ण तथा व्यक्तिगत हित की दृष्टि से काम नहीं करना चाहिए। परिस्थितियाँ बारम्बार शान्ति-स्थापना के लिए सरकार पर दबाव डाल रही हैं। हिंसा का सहारा लेकर वे देश की सच्ची सेवा नहीं कर रहे हैं।"

वल्लभभाई पक्के हिन्दू थे। संघ की तंगदिली को उन्होंने कभी पसन्द नहीं किया। गाँधीजी की हत्या हुई। महाराष्ट्र और देश के दूसरे भागों में रोषपूर्ण व अराजकता का वातावरण बन गया। परिणामस्वरूप सरदार वल्लभभाई पटेल ने हिंसा फैलाने, अराजकता उत्पन्न करने और देश में अशान्ति का वातावरण बनाने के उद्देश्य से आर॰ एस॰ एस॰ की कार्यवाहियों पर अंकुश लगाते हुए उस पर 4 फरवरी, 1948 को प्रतिबन्ध लगा दिया। राष्ट्रीय स्वयंसेवक संघ को अवैध संस्था घोषित कर दिया। प्रथम चरण में 20 हजार से अधिक राष्ट्रीय स्वयंसेवकों को गिरफतार किया गया। सरसंघ चालक गोलवरकर भी बन्दी बनाए गए। यह प्रतिबन्ध मार्च, 1950 ई॰ में तब तक जारी रहा, जब तक संघ ने लिखित रूप में शान्ति-स्थापना का आश्वासन नहीं दे दिया।

हम जो काम करें, वह दूसरों के लिए आदर्श बने; दूसरे शब्दों में, जिस काम की आशा हम दूसरों से रखे, उसे पहले स्वयं करके दिखाएँ। वल्लभभाई पटेल का यह मानना था। 1938 ई॰ में हरिपुरा का काँग्रेस अधिवेशन सुभाष बाबू की अध्यक्षता में सम्पन्न हुआ था। अधिवेशन में देश भर से बड़ी संख्या में प्रतिनिधियों ने भागीदारी की थी। प्रतिनिधियों तथा दूसरे अतिथियों की अच्छी सेवा हो सके, इस उद्देश्य से सरदार पटेल ने उत्तम श्रेणी की हजारों गायों का चयन करके अधिवेशन स्थल पर ही

अस्थायी गौशालाएँ बनवायी थीं। प्रतिनिधियों व अतिथियों ने गौ दूध का भरपूर सेवन किया। अधिवेशन के समाप्त होने पर उन गायों का गुजरातभर में सरदार ने वितरण कराया, ताकि नस्ल-सुधार हो सके। स्वाधीनता के पूर्व ही, इस प्रकार, उन्होंने 'आप्रेशन फ्लड' की नींव रख दी थी। यह था उनका सच्चा दृष्टिकोण।

22

अयोग्य के लिए सार्वजनिक क्षेत्र त्याज्य

"देखिएगा डॉ॰ खरे, आप सार्वजनिक क्षेत्र में कार्य करने के योग्य नहीं हैं", सरदार वल्लभभाई पटेल ने 1938 में मध्य प्रान्त के प्रधानमंत्री को

सलाह देते हुए कहा, "अत: अच्छा यही होगा कि आप अपने को सार्वजनिक क्षेत्र से अलग कर लें। यदि आप ऐसा नहीं करते हैं, तो

सार्वजनिक हित आपको क्षमा नहीं करेगा और फिर भी आपको जाना तो पड़ेगा ही।"

वास्तव में वल्लभभाई पटेल की यह योग्य संगठनात्मक क्षमता थी कि यदि कोई अयोग्य अथवा गैर जिम्मेदार व्यक्ति काँग्रेस दल में आ गया हो और सरदार को उसकी जानकारी हो गयी हो तो ऐसे व्यक्ति के प्रति वे कठोरता से पेश आते थे। उसे वे यह भी समझा देते थे कि सार्वजनिक जीवन में बने रहना उसके लिए संभव नहीं है। अपनी इज्जत-आबरू को बनाए रखने के साथ सार्वजनिक जीवन को छोड़कर चले जाना ही उसके लिए बेहतर है।

"हम पर जो उत्तरदायित्व हो, उसे पूरा न करें और अपने निजी हितों को साधने में लग जाएँ, तो हम किसी भी रूप में कोई जिम्मेदारी दिए जाने योग्य नहीं हैं।"

उपरोक्त जो उदाहरण नारायण भास्कर खरे के सम्बन्ध में प्रस्तुत किया गया है, उसके मूल में कारण यह था कि वे मध्य प्रान्त की काँग्रेसी सरकार के मुखिया थे; वे वहाँ के प्रधानमंत्री थे, लेकिन वे तथा उनके साथी, जो मुख्यत: हिन्दी भाषी क्षेत्रों से आते थे, तालमेल के अभाव में थे। सरदार पटेल काँग्रेस संसदीय दल के प्रमुख थे। काँग्रेस सरकारों के संचालक तथा मार्गदर्शक थे। उन्होंने खरे और दूसरे मंत्रियों के मध्य एक बैठक आयोजित करके सुलह करायी तथा सर्वसम्मति से प्रस्ताव पारित कराया कि भविष्य में सभी लोग मतभेद भुलाकर व एक होकर कार्य करेंगे। लेकिन यह प्रस्ताव अधिक दिनों तक टिका नहीं रह सका था। परिणामस्वरूप खरे मंत्री-मण्डल के दो सदस्यों ने अपने त्यागपत्र उस समय के अंग्रेज गवर्नर को सीधे भेज दिए। ऐसा कृत्य काँग्रेस दल के अनुशासन को तोड़ने के समान था। लेकिन हद तो तब हो गई जब स्वयं खरे ने भी सीधे अपना त्यागपत्र गवर्नर को भेजा।

अब गवर्नर अंग्रेज, देश पराधीन, जनता ने सत्ता सौंपी काँग्रेस को, इसलिए जरूरी तो यह था कि प्रधानमंत्री या उनके मंत्री काँग्रेस की उच्च समिति के साथ सलाह-मशविरा करके ही त्यागपत्र भेजते, लेकिन ऐसा हुआ नहीं। परिणामस्वरूप मंत्री-मण्डल के तीन सदस्यों-मेहता, मिश्र और शुक्ल- ने इस कदम पर आपत्ति उठायी। लेकिन खरे को कोई परवाह ही नहीं थी।

वास्तव में खरे ने अंग्रेज गवर्नर के साथ साँठ-गाँठ कर ली। गवर्नर काँग्रेस में फूट के प्रति रुचि रखते थे। वैसे स्वयं गवर्नर यह भी जानते थे कि काँग्रेस दल के नियम तथा अनुशासन विधान के अनुसार कोई भी मंत्री बिना काँग्रेस संसदीय दल की आज्ञा के अपना पद नहीं छोड़ सकता है। फिर भी उन्होंने त्यागपत्र स्वीकार कर लिए।

कुछ ही समयोपरान्त खरे गवर्नर से मिले। उनसे साँठ-गाँठ करके अपने ही नेतृत्व में नए मंत्री-मण्डल का गठन करा लिया। यह उनका काँग्रेस के प्रति खुला विद्रोह था। स्थिति का जायजा लेने के लिए काँग्रेस कार्य समिति की बैठक हुई। मध्य प्रान्त के समस्त मंत्रियों को भी बैठक में बुलाया गया। सभी उपस्थिति मंत्रियों ने क्षमा-प्रार्थना की और गलती मानते हुए अपने-अपने त्याग पत्र पुनः कार्य समिति को देना मान लिया।

काँग्रेस कार्यसमिति में यह भी तय किया गया कि अब मध्य प्रान्त के काँग्रेसी विधायक अपने नए नेता का चुनाव करेंगे क्योंकि पूर्व नेता, खरे, ने जन-भावनाओं के विपरीत गुलामी के शासन के प्रतीक गवर्नर के साथ मिलकर जो काम किया है, उससे बड़ा विद्रोह दूसरा नहीं हो सकता है।

पहले तो खरे भी काँग्रेस कार्य समिति के प्रस्ताव से सहमत हो गए लेकिन दूसरे ही दिन उससे मुकर गए। उन्होंने तत्कालीन काँग्रेस अध्यक्ष सुभाष बाबू को लिखाः

"मैं नए नेता के चयन के बारे में कोई कदम नहीं उठाऊँगा।"

अब पानी सिर से उतर गया था। सरदार पटेल को सीधे कार्यवाहो के लिए आगे आना पड़ा। उन्होंने खरे को स्पष्टत: कहा:

"आप विदेशी शासन के, जिसके खातमें के लिए देश के करोड़ो जन बलिदान करने को आतुर हैं, गवर्नर के साथ मिलकर, जनता और सार्वजनिक जीवन मे संलग्न दूसरे लोगों के प्रति अपराध करते हैं। इसलिए आप किसी भी जिम्मेदारी के पद पर रहने के योग्य ही नहीं हैं।"

वल्लभभाई ने सूझबूझ से योग्य कार्यवाही की। खरे को पद छोड़ना पड़ा; वे सार्वजनिक जीवन से अलग हुए, यही ऐतिहासिक सत्यता है।

23

गोवा पर अधिकार

वर्ष 1948 में सरदार वल्लभभाई पटेल भारतीय नौसेना के एक युद्धपोत से मुम्बई बन्दगाह के बाहर यात्रा कर रहे थे। युद्धपोत चलते-चलते गोवा के निकट पहुँच गया। सरदार ने जहाज के कैप्टन से पूछा:

"ज़रा निकट को ले चलो जहाज को, मैं गोवा को नजदीक से देखना चाहता हूँ।"

कप्तान ने वल्लभभाई को समुद्रतट और समुद्री सीमा के नियम बताए। लेकिन फिर भी सरदार पटेल ने मुसकुराते हुए कप्तान से कहा:

"कोई बात नहीं, आप आगे बढ़ें। ज़रा देखें तो सही।"

कप्तान विवश हो गया। वल्लभभाई को प्रसन्न करने के लिए वह युद्धपोत को गोवा के निकट ले गया। गोवा उन दिनों पुर्तगालियों के अधीन ही था। युद्धपोत उसकी सीमा में पहुँच गया था। सरदार वल्लभभाई पटेल ने कप्तान से पूछा:

"इस युद्धपोत में आपके साथ कितने सैनिक हैं?"

"आठ सौ हैं श्रीमान्", कप्तान ने तपाक से भारत के उप-प्रधानमंत्री को उत्तर दिया।

"क्या इतने सैनिक गोवा पर अधिकार करने के लिए काफी होंगे?" वल्लभभाई ने पूछा।

"शायद पर्याप्त ही होंगें, मैं ऐसा ही समझता हूँ", कप्तान ने निर्निमेष दृष्टि से सरदार पटेल की ओर देखते हुए उत्तर दिया।

"ठीक है", सरदार पटेल ने कहा, "मैं यहाँ मौजूद हूँ। मेरी उपस्थिति में ही आप गोवा पर अधिकार कर लें।"

कप्तान देखने लगा और आश्चर्य भरे शब्दों में सरदार से बोला, "सरदार साहेब ज़रा अपने कहे गए शब्दों को फिर से तो दोहराइएगा।"

"हाँ-हाँ गोवा पर अधिकार कर लो। अभी मेरी उपस्थिति में ही ऐसा करो," यह बोलकर सरदार चुप हो गए।

सरदार पटेल की इस प्रकार की गम्भीर और अद्‌भुत लगने वाली बात को पुन: सुनकर कप्तान ने उनसे कहा:

"परन्तु श्रीमानजी, इसके लिए सबसे पहले आपको लिखित में अनुमति हमें देनी होगी ताकि उसे रिकार्ड में रखा जा सके।"

कप्तान की बात को सुनकर वल्लभभाई पुनः गम्भीर हो गए। क्षणभर वे चुप रहे और फिर बोले:

"परन्तु गम्भीरतापूर्वक विचार करने पर मैं निष्कर्ष पर पहुँचता हूँ कि हम यहाँ से वापस चले। कदाचित् तुम जानते होंगे कि पीछे क्या होगा? शायद आपत्ति....।"

इस प्रकार सरदार वल्लभभाई पटेल वहाँ से वापस आ गए। लेकिन यहाँ दो प्रश्न पैदा होते हैं। दो ही परिस्थितियाँ भी हैं। प्रथम: वास्तव में सरदार पटेल के इस कदम पर आपत्ति... की जाती, क्योंकि अन्तर्राष्ट्रीय जगत में बदनामी का भय... सताने वाला था। सरदार इस वास्तविकता को भली-भाँति जानते थे।

द्वितीय: यदि वे अपनी आज्ञा से गोवा पर अधिकार करा भी लेते, तो सरदार जैसे जन-स्वीकृति वाले नेता से कोई टकराने की शायद ही हिम्मत करता! उनका कुछ भी बिगड़ने वाला नहीं था।

"सामूहिक निर्णय के उपरान्त की गई कार्यवाही ही श्रेष्ठ होती है और ऐसी कार्यवाही पर अँगुली उठाई जाने की संभावना भी कम रहती है।"

परन्तु सरदार पटेल ने पण्डित जवाहरलाल नेहरू को अपना नेता माना था। नेहरू देश के प्रधानमंत्री थे। इसलिए अपने नेता की स्वीकृति के बिना इस तरह का कदम उठाना, उन्हें नैतिक दृष्टिकोण से, तथा साथ ही मंत्री-मण्डल के सामूहिक निर्णय व उत्तरदायित्व के दृष्टिकोण से, उचित नहीं लगा। दोनों ही दृष्टिकोण हमारे सामने हैं। वे अपने नेता के प्रति समर्पित थे, यह सही है; लेकिन गोवा-मुक्ति के काम में देरी हो, उन्हें यह भी पसन्द न था। इस हेतु उनमें रोष था। यह भी कड़वा सत्य है।

परन्तु इसके बावजूद भी लोकतांत्रिक मूल्यों में उनकी पूरी आस्था थी। यह वास्तविकता है और इसमें प्रामाणिकता है।

◆◆◆

24

एकाध के राष्ट्रवाद त्याग से अन्तर्राष्ट्रीयतावाद नहीं

भारत सदैव ही विश्वबन्धुत्व का सन्देश देता रहा है। भारत की महान संस्कृति और सभ्यता का मूलमंत्र है, 'वसुधैव कुटुम्बकम्,' अर्थात पूरा विश्व एक परिवार है।

मानव-मानव में भेदभाव नहीं है। राष्ट्र-राष्ट्र में भी भेद नहीं है। इसी सिद्धान्त को लेकर महात्मा गौतम बुद्ध और महात्मा गाँधी जैसे लोग आगे बढ़े। सरदार पटेल स्वयं भारतीय संस्कृति और सभ्यता के प्रतिपालक थे। वे महान गाँधीवादी थे। इस रूप में अन्तर्राष्ट्रीयतावाद से विमुख हो पाना तो सम्भव ही नहीं था।

परन्तु सिद्धान्त और व्यवहार दो अलग-अलग धाराएँ होती हैं। शायद इस बात को सभी जानते हैं कि 'वसुधैव कुटुम्बकम्' के सन्देश का कदम-कदम पर समर्थन करने वाले भगवान बुद्ध, प्रभु ईसा मसीह और पैगम्बर मुहम्मद के अनुयायिओं ने किस तरह से अपने को संकीर्ण राष्ट्रवाद की

सीमाओं में बाँधकर रखा? इसके नाम पर दूसरे देशों के लोगों का उन्होंने भरपूर शोषण किया। राष्ट्रवाद के नाम पर लोगों पर अत्याचार किया गया और मानवतावाद की दुहाई देते हुए निजी स्वार्थ-सिद्धि हेतु मानव के रक्त से होलियाँ खेली गयीं। हिंसा का नग्न नृत्य हुआ।

"अन्तर्राष्ट्रीयतावाद भारत की नीति है। हजारों वर्ष पूर्व 'वसुधैव कुटुम्बकम्' का भारतीय सन्देश अन्तर्राष्ट्रीयतावाद की श्रेष्ठ अभिव्यक्ति है। लेकिन अन्तर्राष्ट्रीयतावाद के स्वप्न को साकार करने से पूर्व राष्ट्रवाद का सुदृढ होना आवश्यक है।"

कोई सिद्धान्त वहीं तक सफल मना जा सकता है, जहाँ तक वह व्यवहार की सीमा में बँध जाए। वैसे यदि राष्ट्रवाद से ऊपर निकलकर सभी देश अन्तर्राष्ट्रीयतावाद की ओर बढ़ चलें, तो इससे अच्छी बात दूसरी क्या हो सकती है?

साम्यवादी चीन ने 1954 में तिब्बत की हत्या की। हमारी अन्तर्राष्ट्रीयतावादी नैतिकता ने उसे यह करने की अनुमति दी। यह हमारे राष्ट्रवाद का गिरता हुआ स्वरूप था। आज की राजनीति और छद्म कूटनीति में इस प्रकार का आदर्शवाद तब तक सफल नहीं हो सकता है, जब तक उससे भी कम-से-कम दस प्रतिशत अधिक व्यावहारिकता उसमें न हो। सरदार पटेल ऐसा ही मानने वाले थे। वे इसी कारण बहुत व्यावहारिक भी थे।

भावुकतावश अन्तर्राष्ट्रीयतावादी बनकर, कल्पना की उड़ान में उड़ना और राष्ट्रीय हित की अनदेखी करके गौरवान्वित होना सरदार के स्वभाव में नहीं था।

वर्तमान परिस्थितियाँ निःसन्देह रूप से बताती हैं कि स्वयं संकीर्ण राष्ट्रवाद ही अन्तर्राष्ट्रीयतावाद के मार्ग की सबसे बड़ी बाधा है। बिना राष्ट्रवाद के बलिदान के अन्तर्राष्ट्रीयतावाद की स्थापना स्वप्न समान प्रतीत होती है। लेकिन वास्तव में तो अन्तर्राष्ट्रीयतावाद का मार्ग ही राष्ट्रवाद से होकर जाता है; राष्ट्रवाद संकीर्णता से परे हो, वह मजबूत हो, किन्तु 'वसुधैव कुटुम्बकम्' को आदर्श मानते हुए व्यवहारों में भी उसे उतारने वाला हो। वल्लभभाई कहते थे:

"जब तक संसार के सभी देश अपने-अपने संकीर्ण राष्ट्रवाद का त्याग नहीं कर देते हैं, किसी एक अथवा कुछ-एक इने-गिने राष्ट्रों का इससे पलायन अन्तर्राष्ट्रीयतावाद की स्थापना नहीं कर सकता। जो, इन परिस्थितियों में ऐसा करेंगे, वे आत्मघात करेंगे, कुछ और नहीं।"

साम्प्रदायिकता की जहरीली भावना से भी अधिक बैर आज संकीर्ण राष्ट्रवाद में है तथा कथित अन्तर्राष्ट्रीयतावाद में भी है। संयुक्त राष्ट्रसंघ की यदा-कदा असफलता हमारे सामने मिसालें पेश करती है। यही कारण था कि सरदार पटेल सच्चे राष्ट्रवादी अधिक होना पसन्द करते थे। ऐसे राष्ट्रवादी जो मानव को मानव समझें।

उनका व्यवहार स्पष्ट था। वे मनुष्य पर होने वाले अत्याचार के विरोधी थे। वे शोषण के विरोधी थे। लूट-खसोट से उन्हें घृणा थी, वह फिर दुनिया के किसी भी भाग में या देश में होती हो। वे धर्म, वंश, जाति व रंग-भेद में विश्वास नहीं करते थे। हर एक की स्वतंत्रता के वे हामी थे। समानता, प्रेम, बन्धुत्व, एकता, भाईचारा और अहिंसा उनके आदर्श थे, तथा सभी प्रकार की समस्याओं को इन्हीं आदर्शों के माध्यम से सुलझाने की उनकी नीति थी। अन्तत: वे गाँधीवादी थे।

25

नेताओं की फसल बोने वाला किसान

वल्लभभाई पटेल किसान के पुत्र थे। धरती से उनका सीधा सम्बन्ध था। उनकी संस्कृति, भाषा, व्यवहार, वेशभूषा और कार्यपद्धति उनके किसान रूप को सहज ही प्रकट करती थी। एक किसान से क्या अपेक्षा हो

सकती है? यही कि वह खेत में बीज डालेगा, धरती को हरा-भरा करेगा और उससे जगत् का पेट भरेगा। यही कारण भी था कि एक बार मजाक

करते हुए जब महादेव देसाई ने सरदार से यह कहा, "सरदार, अभी और कितने सार्वजनिक कार्यकर्ता और स्वयंसेवी आप गुजरात की धरती पर पैदा करेंगे?" तो उन्होंने कटाक्ष करते हुए उत्तर दिया था, "क्यों महादेवभाई, क्या मैं नेताओं को फसल बोने वाल किसान हूँ?"

वास्तव में ही वल्लभभाई पटेल एक ऐसे सेनापति किसान थे, जिन्होंने नेताओं की फसल बोई थी। उन्होंने ऐसे नेता उत्पन्न किए थे, जो सर्वस्व

"गुजर रही पीढ़ी का यह दायित्व है कि वह अपने सामने और अपनी देख-रेख में भावी पीढ़ी को तैयार करे, ताकि वह देश के प्रति अपने कर्तव्यों से परिचित होकर सेवाभाव को अंगीकार करे और स्वाधीनता को अक्षुण्य रखे।"

बलिदान कर देश, समाज और आमजन की स्वाधीनता के लिए आगे आए थे। सरदार पटेल के समकालीन एक उत्तर भारतीय नेता ने इसीलिए कहा था:

"सरदार पटेल ने भारत की भाग्यलिपि अपनी लौह-कर्मण्यता से लिखी। वह लिपि देश के अखण्ड, अनश्वर भूगोल को प्रस्तुत करके उनके नेतृत्व-कौशल का आज भी जय-जयकार करती है। महात्मा गाँधी ने राष्ट्रीय जागरण का जो शंखनाद किया था, सरदार वल्लभभाई पटेल ने उस घोष को अपने जीवन की प्रकृति बनाकर राष्ट्र की विविध मुखी शक्तियों को एक प्रबल प्रवाह में संगठित किया। इस प्रवाह में इतिहास का सबसे बड़ा ब्रिटिश साम्राज्य ही नहीं बह गया, अपितु देशी अकर्मण्यताएँ व हीनताएँ भी चल बसीं। शक्ति-स्रोत से निकले शक्ति-प्रवाह द्वारा राष्ट्र की रगों में प्रवाहित होकर निर्जीव मूल्यों को फिर से लहर प्राप्त हुई।"

मुक्ति-विचार के आकाश से निकले सरदार वल्लभभाई पटेल ने अपनी मातृभूमि को ऐसे अनेक नर-नारी रत्न भी गढ़कर दिए, जिन्होंने अपने कला-कौशल से संसारभर को चकित कर दिया। रविशंकर महाराज,

छगललाल जोशी, दिलखुशभाई दीवानजी, माधवलाल भाईलाल शाह, उत्तमचन्द दीपचन्द शाह, कन्हैयालाल नानाभाई देसाई, गोकुलभाई भट्ट, जयनारायण व्यास, दरबार गोपालदास देसाई, भक्ति लक्ष्मी देवी, त्रिभुवनदास किशीभाई पटेल, मणिबहन पटेल, मोहनलाल पण्डया, मोरारजी रणछोड़जी देसाई, कमलाशंकर पण्डया, बाबूभाई चिनाय, यू॰ एन॰ ढेबर, खण्डुभाई देसाई, ठाकरेभाई देसाई, सदाशिव के॰ पाटील, गुलजारीलाल नन्दा, भवानजी खेमजी, मगनभाई पटेल, के॰ के॰ शाह, रसिकलाल परीख तथा उत्तर प्रदेश से अलगूराय शास्त्री आदि में से अधिकांश सरदार पटेल की ही उपज थे।

वे स्वभाव से ही सेनापति थे। सेना का गठन करने में वे दक्ष थे। यही कारण था कि 31 अक्टूबर, 1963 को, लौह-पुरुष के जन्म-दिवस के अवसर पर हिन्दी दैनिक हिन्दुस्तान के सम्पादकीय में उन्हें मृत्युन्जयी घोषित करते हुए कहा गया:

"आज सरदार वल्लभभाई पटेल का जन्म-दिवस है-अविस्मरणीय राष्ट-निर्माता का प्रेरक स्मरणीय दिवस। सरदार मृत्युन्जयी सिद्ध हुए हैं। जीवन में वे जितने याद नहीं आए, उससे कई गुणा अधिक वे आज याद आ रहे हैं। राष्ट्रीय विपत्ति में लोगों की आँखों के समक्ष अनायास ही सरदार पटेल की वज्रमूर्ति चित्रित हो जाती है। द्रोह एवं शैथिल्य की स्थिति में वज्रबाहु सरदार पटेल आँखों की श्रद्धा में झूलने लगते हैं। संकटकाल में जिसकी याद आए, जिसकी अनुपस्थिति मन में मायूसी उत्पन्न करे, उसे मृत्युन्जयी न कहें तो और क्या कहें?"

कितना सत्य है यह? जीवनकाल में अर्जित महत्ता और कीर्ति वास्तव में ही परमकाम्य है, परन्तु अक्षय अमर महत्ता तो वही है, जो मृत्यु के बाद भी फलती-फूलती रहे। ऐसे थे हमारे नेताओं के नेता सरदार वल्लभभाई पटेल।

26

पूँजीवाद के दोषों की समाप्ति

आमतौर से यही माना जाता है कि सरदार वल्लभभाई पटेल ने तीन बार पण्डित जवाहरलाल नेहरू के पक्ष में काँग्रेस–अध्यक्ष पद का दावा छोड़ा था। पहले 1929 ईस्वी में लाहौर काँग्रेस के समय, उसके बाद 1936

में लखनऊ काँग्रेस के समय तथा तीसरी बार 1946 में, जब देश स्वाधीनता के द्वार पर खड़ा था और काँग्रेस–अध्यक्ष ही देश का भावी प्रधानमंत्री था।

परन्तु वास्तविकता यह है कि सरदार पटेल ने एक बार और, अर्थात चौथी बार 1936 के अंत में 1937 के लिए चुने जाने वाले काँग्रेस अध्यक्ष के पद को भी छोड़ दिया था। वास्तव में इस बार वे वैचारिक मतभेद रखते थे और वैचारिक मतभेदों के चलते काँग्रेस जैसी संस्था के अध्यक्ष पद को ग्रहण करना उन्हें सार्वजनिक नैतिकता के विपरीत बात लगती थी। वह अधिवेशन फैजपुर में आयोजित किया गया था।

"सहयोग से और सम्बन्धित पक्षों द्वारा अपना-अपना उत्तरदायित्व निर्वहन किए जाने से ही आर्थिक प्रगति हो सकती है। नकारात्मक दृष्टिकोण तथा विनाशकारी प्रवृत्तियाँ, हड़तालें व तालाबन्दी विकास की गति रोकती हैं। अकारण इस तरह के कार्यों में लिप्त होना और पूँजीवाद के खात्मे का विचार करना बुद्धिमानी नहीं है। यह राष्ट्र को दुर्बल करने और प्रगति की राह में रोड़ा अटकाने के अतिरिक्त और कुछ नहीं है।"

फैजपुर काँग्रेस-अध्यक्ष पद से अपना नाम नेहरू के पक्ष में वापस लेते समय वल्लभभाई ने एक ऐतिहासिक वक्तव्य जारी किया था। वह वक्तव्य रोचक था और भावी-पीढ़ियों के लिए प्रेरणा का स्रोत भी। वक्तव्य के प्रमुख अंश के अनुसार:

''मैंने अपना नाम वापस ले लिया है। परन्तु इसका अर्थ यह नहीं है कि मैं जवाहरलाल की सारी विचारधारा से पूर्णत: सहमत हूँ। हम दोनों में मतभेद हैं। उदाहरण के लिए मैं ऐसा मानता हूँ कि पूँजीवाद में से उसके सारे दोष समाप्त किए जा सकते हैं। जहाँ काँग्रेस स्वतंत्रता प्राप्त करने के लिए सत्य और अहिंसा को अनिवार्य समझती है, वहीं अपनी निष्ठा के प्रति तर्कसंगत और सच्चे काँग्रेसियों को इस बात की संभावना में विश्वास रखना चाहिए कि जो निर्दयतापूर्वक जनता का शोषण कर रहे हैं, उनको प्रेमपूर्वक अपनाया जा सकता है। मेरा यह विश्वास है कि जब जनता को अपनी

भयंकर दुर्दशा का बोध हो जाता है, तो उससे मुक्ति का ढंग भी वह स्वयं ही ढूँढ लेती है। मैं तो यह मानता हूँ कि समस्त भूमि और सारी सम्पत्ति सभी की साझी है। किसान होने के नाते और उनकी समस्याओं में दिलचस्पी लेते रहने के कारण मैं यह जानता हूँ कि कष्ट कहाँ है? किन्तु मैं यह भी जानता हूँ कि जनशक्ति के बिना कुछ भी नहीं किया जा सकता है।''

सरदार वल्लभभाई पटेल ने सदैव ही यह दोहराया था कि उनका किसी के साथ भी, विशेष रूप से पण्डित जवाहरलाल नेहरू के साथ, उद्देश्यों को लेकर कोई मतभेद नहीं है। उन्हीं के शब्दों में:

''हम सभी नए विधान को तोड़ना चाहते हैं।[1] प्रश्न यह है कि धारा-सभाओं के भीतर जाकर उन्हें किस प्रकार से तौड़ा जाए? जो लोग भारतीय राष्ट्रीय काँग्रेस की ओर से धारा-सभाओं में पहुँचेंगे, यह उन्हीं लोगों की सोच और योग्यता पर निर्भर करता है कि वे इस दिशा में कैसे आगे बढ़ते हैं? काँग्रेस महासमिति और कार्यसमिति नीति बना देगी, लेकिन उसको कार्य रूप देना प्रतिनिधियों के हाथ की बात है।''

अपनी बात को आगे बढ़ाते हुए सरदार वल्लभभाई पटेल ने कहा:

''इस समय प्रश्न पद-ग्रहण करने का नहीं है। परन्तु मुझें वह अवसर भी दिखायी दे रहा है, जब अपने उद्देश्य पर पहुँचने के लिए पद-ग्रहण करना उचित होगा। तब जवाहरलाल और मेरे मध्य, दूसरे शब्दों में काँग्रेसियों मे, मतभेद होगा। हम जानते हैं कि जवाहरलाल काँग्रेस के प्रति पूर्णतः निष्ठावान हैं। एक बार बहुमत से निर्णय हो जाने के बाद, उसके अपनी सोच से मेल न खाने के बावजूद भी, वे उसके विरुद्ध नहीं जाएँगे।''

''और'' उन्होंने कहा, ''पद-ग्रहण तथा संसदीय कार्यक्रम के प्रति मेरा कोई मोह नहीं है। मैं तो केवल यह कहना चाहता हूँ कि संभवतः परिस्थितिवश ऐसा कुछ करने की आवश्यकता ही न पड़े। किन्तु हम जो कुछ भी करेंगे, उसमें हम अपने आत्मसम्मान और उद्देश्यों की बलि नहीं

चढ़ाएँगे। वास्तव में मेरे लिए इस तरह का कार्यक्रम गौण है। इसलिए हमें अपनी शक्ति को रचनात्मक कार्यों के लिए सुरक्षित रखना है। काँग्रेस अध्यक्ष के अधिकार निरंकुश नहीं होते हैं। वह तो हमारे संगठन का प्रमुख होता है। वह कार्य को भली-भाँति आगे बढ़ाता है और काँग्रेस द्वारा लिए गए निर्णयों को कार्यान्वित करता है। काँग्रेस-अध्यक्ष पद पर किसी विशेष व्यक्ति को निर्वाचित कर देने से संगठन अपने अधिकारों को खो नहीं देता है, भले ही व्यक्ति कोई भी हो।''

वल्लभभाई पटेल के दृढ़ और स्पष्ट विचारों से उस समय काँग्रेस के सभी आम और खास लोगों पर वांछित प्रभाव पड़ा था। यह विवाद 'पूँजीवाद' और 'पूँजीपतियों' के बारे में नेहरूजी के विचारों को लेकर प्रारम्भ हुआ था। सरदार 'पूँजी' और 'पूँजीपतियों' से भी राष्ट्र के हित में कार्य करने की पूरी-पूरी आशा करते थे। इसका अर्थ यह नहीं था कि अपने इस दृष्टिकोण से नेहरू को वे चुनौती देना चाहते थे। वास्तव में वस्तु स्थिति को सामने रखकर वे यह स्पष्ट करना चाहते थे कि देश में कार्यरत विभिन्न शक्तियों को नियंत्रित करने और उन्हें सही दिशा-निर्देशन देने के लिए उस समय नेहरू स्वयं योग्य व्यक्ति थे; वे साथियों के सहयोग तथा प्रतिनिधियों के समर्थन से काँग्रेस-अध्यक्ष का पद सँभालने हेतु सर्वश्रेष्ठ व्यक्ति थे।

◆◆◆

---

1. वर्ष 1935 में पारित भारतीय शासन अधिनियम की शर्तें।
2. धारा-सभाओं के लिए निर्वाचित।

27

गरीब आदमी की लड़की और सुन्दर वस्त्र!

यह प्रसंग सरदार पटेल के जीवन के अन्तिम दिनों से है। स्व॰ महावीर त्यागी वल्लभभाई के दिल्ली स्थित सरकारी निवास, एक, औरंगजेब मार्ग में प्रवेश करते हैं। वे वहाँ देखते हैं कि अति साधारण वस्त्रों में मौजूद मणिबहन सरदारश्री को दवा पिला रही हैं। महावीर त्यागी बोले:

"मणिबहन! तुम तो अपने को बहुत बड़ी मानती हो! तुम तो एक ऐसे पिता की सुपुत्री हो जिसने एक ही वर्ष के भीतर इतना विशाल और अखण्ड राज्य स्थापित कर दिया, जितना वह न तो रामचन्द्रजी के काल में था और न ही किसी और काल में था। बड़े-बड़े राजाओं और महाराजाओं के भी सरदार की बेटी होकर तुम्हें शर्म नहीं आती है!"

"शर्म आए उन्हें जो झूठ बोलते हैं और जो बेइमानी करते हैं। हमें शर्म क्यों आए?" मणिबहन ने उत्तर दिया।

"हमारे देहरादून शहर में निकल जाओं," त्यागी ने आगे कहना शुरु किया, "लोग तुम्हारे हाथ में दो पैसे या इकन्नी तो रख ही देंगे। वे समझेंगे कि कोई भिखारिन जा रही है....।"

लेकिन कहते-कहते ही त्यागी को न जाने एकदम क्या हुआ कि बे चुप हो गए। वास्तव में वे तो मजाक में ही कह रहे थे। उन्हें चुप होते देखकर सरदार पटेल उनके मजाक में सम्मिलित हो गए और जोर से हँसते हुए बोले:

"हाँ बाजार में बहुत लोग मिल जाएँगे। एक-एक आना एकत्रित करके भी मणि बहुत-सा धन इकट्ठा कर लेगी।"

लेकिन इसी बीच एक दम वातावरण बदल गया, स्वयं महावीर त्यागी का सिर शर्म से झुक गया जब पास बैठी सुशीला नैय्यर ने कहा :

"त्यागीजी किससे बात कर रहे हैं? मणिबहन दिनभर सरदार की बड़ी सेवा करती है। फिर डायरी लिखती है। नियम से चरखा कातती है। जो सूत बनता है, उसी से सरदार के कुर्ते व धोतियाँ बनती हैं। आपकी तरह सरदार साहेब खादी-भण्डार से वस्त्र तो खरीदते नहीं हैं। जब सरदार साहेब के कुर्ते-धोती फट जाते हैं, तो उन्हीं को काट-सींकर मणिबहन अपने कुर्ते-साड़ी बनाती हैं।"

त्यागीजी पर इतना प्रभाव पड़ा कि उन्होंने एक स्थान पर कहा है:

"मैं राक्षस रूप उस देवी (मणिबहन) के समक्ष अवाक् खड़ा रह गया। कितनी पवित्र आत्मा है मणिबहन? उनके पैर छू लेने मात्र से ही हम जैसे न जाने कितने पापी पवित्र हो सकते हैं?"

तदोपरान्त गम्भीर होकर सिंहरूप भारत के सरदार और लौह-पुरुष वल्लभभाई ने कहा:

"भाई महावीर त्यागी! असल में बात यह है कि मणिबहन गरीब आदमी की बेटी है। वह अच्छे कपड़े कहाँ से लाए?उसका पिता कुछ कमाता तो है नहीं ना।"

फिर सरदार पटेल ने अपने चश्में का एक केस त्यागी को दिखाया जो लगभग बीस वर्ष पुराना था। उन्होंने एक घड़ी दिखायी तथा एक और कमानीदार चश्मा दिखाया। घड़ी बुरी हालत में थी और लगभग तीस वर्ष पुरानी थी। चश्मा भी पुराना था उसके एक ओर मोटा धागा बँधा हुआ था।

"यदि हम सादगी को, जो कि हमारी संस्कृति का एक श्रेष्ठ आधार है, हृदय से अंगीकार कर लें और अपने विचारों में समन्वय-भावना को स्थापित कर लें, तो हमारे देश का चित्र वास्तविक रूप में निखरकर सामने आएगा।"

ऐसे पवित्र, मृदु अन्त:करण वाले तथा आत्मनिष्ठ थे हमारे लौह-पुरुष सरदार वल्लभभाई पटेल, जिनके द्वारा निर्मित और अर्जित कमायी से वर्तमान पीढ़ी नई-नई घड़ियाँ, नए-नए केसों और नए-नए लैंसों को प्रयोग में ला रही है। परन्तु वास्तव मे तो त्याग और तपस्या उन्हीं जैसे महापुरुषों की थी, जिन्हें हम निरन्तर भूल जाने का प्रयास करते रहे हैं। उनका हम पर इतना कर्ज है कि जन्मों तक उसे चुकाया नहीं जा सकेगा।

◆◆◆

28

महात्मा गाँधी और स्वामी दयानन्द का मार्ग

7 नवम्बर, 1950 को, अर्थात चिरनिद्रा से एक माह आठ दिन पूर्व लौह–पुरुष सरदार वल्लभभाई पटेल ने सार्वदेशिक आर्य प्रतिनिधि सभा के तत्त्वावधान में स्वामी दयानन्द सरस्वती के सड़सठवें निर्वाण दिवस के सिलसिले में दिल्ली में आयोजित कार्यक्रम में अपने जीवन का अन्तिम भाषण दिया था। भाषण बहुत ही मार्मिक और अनूठा था। वह सोए हुए भारतीयों को जगाकर वीर बनने का सन्देश था।

सरदार वल्लभभाई पटेल अन्तर्राष्ट्रीय विषयों पर बहुत ही कम बोलते थे। अन्तर्राष्ट्रीय विषयों पर बोलना उनके स्वभाव में प्रायः नहीं था। परन्तु अपने इस स्वभाव के विपरीत भी यदि उन्होंने कुछ बोला तो वह निश्चित रूप में विदेश नीति के सम्बन्ध में उनके विचार होते थे। इसलिए जो भाषण उन्होंने स्वामी दयानन्द के निर्वाण दिवस

पर दिल्ली में आयोजित कार्यक्रम में दिया, उसमें चीन की विस्तारवादी नीति की आलोचना थी। तिब्बत और नेपाल में चीनी घुसपैठ का उसमें

"अन्धविश्वासों और कुरीतियों को त्यागकर, अपने मतभेदों से ऊपर उठकर और एकताबद्ध होकर हम कठिन परिश्रम करें; भारत की समृद्धि और सुदृढ़ता इसी से सम्भव है।"

खुलासा था तथा बारह वर्षों के बाद, 1962 में, भारत पर चीन के आक्रमण की भविष्यवाणी थी।

वल्लभभाई पटेल ने अपने भाषण में कहा था:

"आज तिब्बत और नेपाल में जो कुछ हो रहा है, उससे उत्पन्न होने वाले खतरे का मुकाबला तभी किया जा सकता है, जब सभी भारतीयजन दलगत भावना से ऊपर उठें। हमारे द्वारा प्राप्त की गयी नई-नई स्वतंत्रता की रक्षा केवल एकता और जागृति से ही की जा सकती है। महात्मा गाँधी और स्वामी दयानन्द के द्वारा दिखाए गए मार्ग का अनुसरण करते हुए ही आज जैसी कठिन परिस्थितियों का सामना किया जा सकेगा। दोनों-गाँधीजी और स्वामीजी-ने देश की जनता की बराबरी की बात करके और जनता को वीरता की प्रेरणा देकर जो रास्ता दिखाया है, अन्तत: वही हमें मुक्ति दिलाने में सक्षम है; हमारे सब प्रकार के कष्टों को समाप्त करने में सहायक है।"

सरदार वल्लभभाई पटेल ने आगे यह भी कहा था:

"नेपाल के शासकों ने भारत की उत्तरी सीमा पर बाहरी खतरे को बढ़ाया है। खतरे की संभावना बनी हुई है। अतएव भारतीयों को किसी भी क्षेत्र से आने वाले खतरे का मुकाबला करने के लिए तैयार रहना चाहिए।"

यह ऐतिहासिक सत्य है कि सरदार वल्लभभाई पटेल चीन की नीति के प्रति शंकालु थे। उनकी शंका का कारण भी था। बाद के घटनाक्रम से वह शंका सत्य सिद्ध हुई थी। साम्यवाद के चोले में झूठी मित्रता का चीन ने दिखावा किया था और फिर भारत को धोखा दिया था। वल्लभभाई ने चीन की इस सम्बन्ध में शुरूआत, जो तिब्बत से उसने की थी, के बारे में विरोधपूर्वक कहा था:

"प्राचीनकाल से ही शान्ति की उपासना करने वाले तिब्बतियों के विरुद्ध शस्त्र-प्रयोग करना अनुचित है। तिब्बत के समान शान्ति की उपासना करने वाला संसार में कोई दूसरा देश नहीं है।"

उन्होंने यह भी कहा था:

"चीन की सरकार ने भारत के उस परामर्श को स्वीकार नहीं किया है, जिसमें तिब्बत के विषय को शान्ति से सुलझाने की बात की गयी थी। चीन ने अपनी सेनाएँ तिब्बत में घुसा दीं और इसका जो कारण चीन ने बताया वह यह कि तिब्बत में विदेशियों के षडयंत्र को समाप्त करना है। किन्तु यह बात निराधार है। तिब्बत में किसी भी बाह्य शक्ति की कोई रुचि नहीं है।"

"तथा", सरदार ने अपनी बात को आगे उठाते हुए कहा, "चीन के इस कृत्य का क्या परिणाम सामने आएगा, वह मैं आज आपको नहीं बता सकता हूँ। किन्तु बल-प्रयोग ने विभीषिका तथा आतंक का वातावरण बना दिया है। यह संभव है कि शक्ति व बल से सम्पन्न राष्ट्र किसी भी मामले में शान्तिपूर्वक विचार करने को तैयार नहीं होते हैं।"

उनका संकेत था कि एक विचारधारा का आवरण लिए और शक्ति के मद में चूर साम्यवादी चीन किसी भी सीमा तक जा सकता है। इसलिए विशेष सावधानी की आवश्यकता है तथा गाँधीजी और स्वामीजी के दिखाए रास्ते पर मजबूती से आगे बढ़ते हुए देश सुदृढ़ करना है।

अपने ऐतिहासिक भाषण का अन्त करते हुए वल्लभभाई पटेल ने कहा:

"स्वामी दयानन्द ने वीरता का संदेश भारतीयों को दिया। उन्होंने ज्ञान का अथाह भण्डार देशवासियों के सामने रखा और उन आडम्बरों को, जो हमारे पतन का कारण बने, छोड़कर वास्तविकता से सरोकार करने की प्रेरणा दी। इसी में हमारी शान्ति, प्रगति और सुरक्षा निहित है। स्वामी दयानन्द सरस्वती और महात्मा गाँधी ने भारतवासियों को कभी भी अन्याय के वश में न होने का अचूक रास्ता बताया और कहा कि न्याय और स्वतंत्रता को पाने के लिए सदा दृढ़ रहो; कायर बनकर न रहो। ये ही वे विचार हैं, जो हमारे अस्तित्व के लिए वरदान सिद्ध हो सकते है।"

सरदार के विचार वास्तविक थे और आज भी वे पूर्णतः अनुकरणीय हैं।

◆◆◆

1. विभिन्न सरदारों ने, जो राजा त्रिभुवन वीर विक्रम शाह का विरोध कर रहे थे।

29

मेवों का भारत में पुनर्वास

सरदार वल्लभभाई पटेल की सपाट, सच्ची और वास्तविक धर्मनिर्पेक्षता के सम्बन्ध में कभी-कभी ऐसी बात सुनायी देती है, जो पूर्णतः गलत होती है तथा पूर्णतः पूर्वाग्रह से ग्रस्त भी होती है। वे निःसन्देह

धर्मनिर्पेक्ष महामानव थे। उनकी धर्मनिर्पेक्षता में राष्ट्रीय एकता और अखण्डता सर्वोच्च स्थान पर थी। राष्ट्रीय एकता और अखण्डता के प्रति वे

इतने दृढ़ थे कि उन्हें कुछ संकीर्ण मनोवृत्ति वाले मुस्लिम-विरोधी तक कह देते हैं। लेकिन वास्तव में वे मुसलमानों के विरोधी नहीं थे।

यह प्रसंग, जो ऐतिहासिक सत्यता पर आधारित है, वल्लभभाई पटेल के पूर्ण धर्मनिर्पेक्ष पक्ष को उजागर करने वाला है तथा उन लोगों को जवाब है, जो जाने-अनजाने में उन पर अकारण दोषारोपण करते हैं।

राजस्थान के अलवर और उसके निकटवर्ती क्षेत्रों में एक अच्छी संख्या में मेव जाति के मुसलमान रहा करते थे। विभाजन के साथ भारत के स्वतंत्र होने पर मेंवों में से बहुत से लोग अपने घर-बार छोड़कर पाकिस्तान चले गए थे। कुछ समय बाद स्वाधीन भारत के केन्द्रीय मंत्री-मण्डल ने यह निर्णय लिया कि जो मेव पाकिस्तान चले गए हैं, उन्हें भारत में वापस लाकर पुन: बसाया जाए।

"मैं चाहता हूँ कि भूतकाल को भूलकर हिन्दू और मुसलमान-दोनों-मिलजुलकर रहें।"

केन्द्रीय मंत्री-मण्डल ने उक्त सन्दर्भ में कोई ठोस परिणति होते न देखकर दूसरी बार भी इसी तरह का प्रस्ताव पारित किया था। लेकिन प्रस्ताव पर अमल न हो तथा भारतीय राष्ट्रीय काँग्रेस प्रस्ताव को अमान्य करे, इस हेतु एक सदस्य ने काँग्रेस कार्यसमिति में मामला उठाया। कदाचित् आज बहुत से लोगों को यह जानकर आश्चर्य होगा कि सरदार वल्लभभाई ने मंत्री-मण्डल के निर्णय को काँग्रेस कार्य समिति में उठाए जाने पर कड़ी आपत्ति की थी। वे निर्णय को बदले जाने के विरुद्ध थे। यद्यपि वे उस समय रूग्णावस्था में थे और काँग्रेस की बैठकों में भाग लेने में सक्षम नहीं थे, लेकिन अपने पक्ष को मजबूत करने के उद्देश्य से उन्होंने एक उपाय ढूँढ निकाला।

उनका उपाय यह था कि उन्होंने केन्द्रीय मंत्री-मण्डल और काँग्रेस कार्यसमिति-दोनों-से त्याग-पत्र देने का निर्णय किया। यह बात वर्ष 1948

की है। वे देहरादून में स्वास्थ्य लाभ कर रहे थे। अपने लिए गए निर्णय की सूचना के सन्दर्भ में उन्होंने महावीर त्यागी को तत्काल देहरादून बुलाया। वे सरदार के पास पहुँचे तो वल्लभभाई ने अपने दोनों त्यागपत्र जो पण्डित जवाहरलाल नेहरू को भेजे जाने थे, त्यागी को दिखाए। साथ ही त्यागी का परामर्श भी वल्लभभाई ने माँगा।

महावीर त्यागी ने पत्र देखे। बहुत देर तक वे सोचते रहे। तदोपरान्त उन्होंने सरदार वल्लभभाई पटेल को यह परामर्श दिया:

"ये पत्र भेजे अवश्य जाएँ। लेकिन इन्हें सीधे पण्डित जवाहरलाल नेहरू को न भेजकर पहले इन्हें संविधान सभा के अध्यक्ष डॉ॰ राजेन्द्र प्रसाद को भेजा जाए। साथ में यह टिप्पणी भी होनी चाहिए, 'चूँकि मैं (सरदार) बीमारी के कारण यहाँ अकेला पड़ा हूँ, अत: मेरे साथ विचार-विमर्श करने के लिए कोई दूसरा साथी नहीं है। मैं काँग्रेस कार्यसमिति की बैठक में भाग लेने के लिए आने में भी लाचार हूँ, परन्तु मेवों के विशेष सन्दर्भ में जो ऐजेन्डा कार्यसमिति ने तय किया है, उसकी मुझ पर प्रतिकूल प्रतिक्रिया हुई है। फलस्वरूप जो त्यागपत्र मैंने जवाहरलाल नेहरू के नाम लिखे हैं, उन्हें मैं आपको भेजता हूँ। आप संविधान सभा के प्रमुख हैं। इसलिए मेरी हार्दिक इच्छा है कि इन्हें जवाहरलाल नेहरू को भेजने से पहले आपको ही दिखा दूँ।' मेरी यही इच्छा भी है।"

महावीर त्यागी की इच्छा और सलाह के अनुसार ही सरदार पटेल ने कार्य किया। उन्होंने राजेन्द्र बाबू को पत्र भेज दिए। राजेन्द्र बाबू पत्रों को देखकर घबरा गए। उन्होंने बिना कोई देरी किए सरदार पटेल से देहरादून में सम्पर्क किया और उनसे कहा:

"मैं (राजेन्द्र प्रसाद) स्वयं आपके विचार से सहमत हूँ। मैं आपको आश्वासन देता हूँ कि काँग्रेस की कार्यसमिति के ऐजेन्डे से उस प्रस्ताव को,

जिसे मंत्री–मण्डल ने पारित किया है, निकाल दिया जाएगा। उस पर किसी भी दशा में पुनर्विचार नहीं होगा।"

इसके बाद ऐसा ही हुआ भी। कार्यसमिति में प्रस्ताव को अनुमति नहीं मिली। मेवों की भारत वापसी से सम्बन्धित केन्द्रीय मंत्री–मण्डल का फैसला ज्यों–का–त्यों रहा। लेकिन ऐसा हो सका तो केवल लौह–पुरुष सरदार वल्लभभाई पटेल की दृढ़-निश्चयता के कारण और मुसलमानों के प्रति कोमल हृदय के कारण भी।

◆◆◆

30

नेहरू की अच्छी देखभाल

वर्षों पूर्व की बात है। मैं युवावस्था की ओर कदम रख रहा था। भारत के राष्ट्रीय स्तर के एक गाँधीवादी नेता ने, जो बाद में देश के सर्वोच्च राजनीतिक पद पर भी पहुँचे थे, मुझे एक पत्र के माध्यम से यह कहा था:

"इस मानव-विश्व में प्रत्येक व्यक्ति का, वह कोई भी हो, छोटा या बड़ा हो, कुछ-न-कुछ निजी स्वार्थ अवश्य होता है; मेरा भी है और आपका भी है। बिना निजी स्वार्थ के संसार का व्यवहार चलना ही मुश्किल होता है।"

"लेकिन", उन्होंने आगे कहा, "कम-से-कम उन लोगों को, जो देश-सेवा का व्रत ले चुके हों, उस समय अपने निजी हितों का त्याग कर देना चाहिए, जब उनके हितों का देश के हितों से टकराव होता हो। अन्यथा देश एक पल के लिए भी टिक नहीं सकेगा; देश का सर्वनाश होकर रहेगा।"

उक्त बात मुझे उस समय उत्कृष्ट प्रतीत हुई थी। परन्तु बाद में जब मेरे समक्ष सरदार वल्लभभाई पटेल के महान और त्याग से भरपूर जीवन

का खुलासा हुआ, तो निश्चित आप से ही मुझे महान गाँधीवादी नेता के शब्द भी घटते हुए दृष्टिगोचर हुए।

सरदार वल्लभभाई पटेल के जीवन से जुड़े घटनाक्रम से गुजरने के बाद मैंने पाया कि डॉक्टरों की सलाह के विपरीत तथा अपनी एकमात्र संरक्षिका सुपुत्री की सम्मति के बिना सरदार पटेल दिन-रात कार्य करते रहे, देश के हितों को सर्वोच्च मानकर और उन्हीं को पूर्णतः समर्पित होकर भी।

"नेहरू हमारे नेता हैं और उन्हें बल प्रदान करना हमारा कर्तव्य है। मैं बेवफा सिपाही नहीं हूँ। नेता को नेता मानना मेरा कर्तव्य है।"

सरदार पटेल का राष्ट्रहित के सम्बन्ध में दृष्टिकोण एकदम साफ था

और इस हेतु उनका सुदृढ़ मापदण्ड था। अपने दृष्टिकोण और मापदण्ड के प्रति सरदार कटिबद्ध थे। अपनी बात से वे कभी भी पीछे नहीं हटे तथा अन्तिम साँस तक अपनी प्रतिज्ञा का उन्होंने पालन किया। एक विद्वान ने इस संदर्भ में लम्बी चर्चा की है। उस चर्चा में मैं नहीं जाना चाहता हूँ। लेकिन

उनके कुछ शब्दों को अवश्य ही यहाँ प्रस्तुत करना चाहता हूँ। वे कहते है:

"जवाहरलाल नेहरू एवं वल्लभभाई पटेल के स्वभाव में भारी अन्तर था। यहाँ तक कि दोनों की कार्य प्रणालियाँ भी भिन्न-भिन्न थीं। परन्तु वल्लभभाई पटेल भारत की स्वाधीनता के बाद नेहरू को अपना नेता मानने लगे थे। इसके विपरीत पण्डितजी सरदार पटेल को अपने परिवार का सर्वाधिक वृद्ध पुरुष, जो संरक्षक समान होता है, मानते थे।"

वे आगे कहते है:

"दोनों के मध्य प्राय: अफवाएँ फैलायी जाती थीं। निहित निजी स्वार्थ वाले यह प्रचार करते रहते थे ताकि दोनों में फूट पड़े। इसके बावजूद भी सरदार पटेल ने कभी भी पानी को सिर से नहीं उतरने दिया। ऐसा ही पण्डितजी ने भी किया। दोनों-सरदार एवं पण्डित जी-किसी भी ऐसे तीसरे को, जो एक के सामने दूसरे की नीति की आलोचना करता हो, प्राय: फटकार दिया करते थे।"

सरदार पटेल और पण्डित नेहरू एक-दूसरे के कवच थे। एक दिन सरदार पटेल के निकट समझे जाने वाले एक कार्यकर्ता ने, मुझे (लेखक को) यह बताया था:

"अपनी मृत्युशय्या पर पड़े सरदार वल्लभभाई ने मुझे (सरदार के निकटवर्ती को) यह कहा था, 'हमें नेहरू की भली-भाँति देखभाल करनी चाहिए। मेरी (सरदार की) मृत्यु से नेहरू को बहुत दुख होगा, मैं यह जानता हूँ।' मैं उनकी इस बात को सुनकर दंग रह गया था"

सरदार वल्लभभाई अपने व्यंग्य के लिए प्रसिद्ध थे। एक दिन स्वयं नेहरू ही उनके व्यंग्य का शिकार हो गए। इस पर नेहरू को भड़काने के उद्देश्य से जब एक चापलूस ने मामला उनके सामने उठाया तो पण्डितजी ने तुरन्त ही उस व्यक्ति को फटकारते हुए कहा था:

"इसमें क्या बात है? आखिरकार एक बुजुर्ग के रूप में हमारी हँसी उड़ाने का उन्हें पूरा-पूरा अधिकार है। वे हमारी चौकसी करके हमें सुरक्षा प्रदान करने वाले हैं।"

नेहरू की ऐसी प्रतिक्रिया से घबराकर वे चापलूस चुपचाप अपने घर को चले गए। यह था देश की सेवा के व्रत के पालनार्थ सरदार पटेल और साथ ही पण्डितजी का भी, साथी के साथ मतभेदों से ऊपर उठकर साथ-साथ कार्य करने का अनूठा और श्रेष्ठतम उदाहरण। इस उदाहरण से कितनी सीख ली जा सकती है, आज भी और कल भी, यह विचारणीय विषय है।

31

उपसंहार

इस प्रकार तीस प्रसंगों के माध्यम से जो बातें सरदार वल्लभभाई पटेल के सम्बन्ध में सामने आयी हैं; उनसे भली-भाँति यह सिद्ध होता है कि चट्टान के समान दृढ़ निश्चयी भारतरत्न सरदार वल्लभभाई पटेल कुसुम के समान कोमल भी थे। मानवमात्र के प्रति उनमें प्रेम था। वे सच्चे दिल से सभी को प्रेम करते थे; बिना किसी भेदभाव के निःस्वार्थ सेवा उनका धर्म था।

सरदार पटेल मृत्युंजयी हैं। वे सशरीर हमारे बीच आज नहीं हैं। परन्तु उनके महान, अनुकरणीय और सदाबहार कार्यों को कोई भी मिटा नहीं सकता है। जो आदर्श उन्होंने स्थापित किए, जो व्यवहार उन्होंने आमजन के सामने रखे, सेवा और जनभावना के आदर के लिए जो काम किए, वे बेमिसाल थे, और हैं।

वल्लभभाई की निर्णय-क्षमता, संगठन करने की कला, समानता, स्वतंत्रता और न्याय की प्राप्ति के लिए प्रदत्त नेतृत्व तथा स्वार्थरहित होकर जीने का संदेश उनके द्वारा छोड़ी गई अमूल्य विरासत है। सेवा व समर्पण उनसे सींखना चाहिए। 'मनुष्य जन्म से नहीं, कर्म से महान होता है', इस वास्तविकता को उनके जीवन से जानना चाहिए।

महान कर्मयोगी और आदर्श स्थापितकर्ता उस महानायक, महामानव और महान सेनापति को इस पुस्तक के माध्यम से मेरी छोटी-सी श्रद्धांजलि तथा उन्हें शत-शत नमन।